ENCUENTRO

Ignacio Larrañaga

ENCUENTRO
Manual de Oración

25° EDICIÓN

Editorial Claretiana

Todos los derechos reservados.
Hecho el depósito que previene la ley.
Impreso en la Argentina.
Printed in Argentina.

© by Editorial Claretiana.
I.S.B.N. 950-512-361-2
25º Edición, marzo de 2005.

EDITORIAL CLARETIANA
Lima 1360 - C1138ACD Buenos Aires
República Argentina
Tel. 4305-9597 - Fax 4305-6552
E-mail: editorial@editorialclaretiana.com.ar
www.editorialclaretiana.com.ar

ACLARACION

Durante muchos años fui utilizando, en los Encuentros de Experiencia de Dios, *el librito* Himnos y Oraciones. *Se trataba de textos extractados de aquí y allá, además de algunos míos, apropiados para el ambiente de los* Encuentros.

En el presente libro he elaborado una serie de poemas y salmos adecuados a diversos estados de ánimo y diferentes situaciones de la vida, y algunos otros temas.

Pero la nueva obra ha conservado bastantes elementos de la anterior, si bien eliminé una buena parte de su contenido. Como se ignora el autor de algunas composiciones, preferí retirar todos los nombres.

He incluido numerosas citas bíblicas, modalidades de oración, diversos ejercicios y orientaciones prácticas, todo resumido y simplificado al máximo. Me he esforzado por poner en las manos del lector, con el mayor empeño, unos medios simples y eficaces —a modo de Manual— para progresar en el arte de otrar.

Las oraciones compuestas por mí son las siguientes: 1, 2, 10, 13, 15, 17, 19, 20, 21, 22, 23, 24, 25, 26, 28, 34, 36, 37, 41, 43, 45, 47, 48, 51, 53, 55, 58, 59, 60.

Las restantes pertenecen a autores diversos, y algunas de ellas han sido arregladas.

Esta edición es definitiva, y no será alterada en el futuro.

IGNACIO LARRAÑAGA

ORACIONES

I. EL SEÑOR

1. Centro de gravedad

Para cantarte, mi Señor Jesús, ¡cómo me gustaría tener ojos de águila, corazón de niño y una lengua bruñida por el silencio!

Toca mi corazón, Señor Jesucristo; tócalo y verás cómo despiertan los sueños enterrados en las raíces humanas desde el principio del mundo.

Todas nuestras voces se agolpan a tus puertas.
Todas nuestras olas mueren en tus playas.
Todos nuestros vientos duermen en tus
horizontes.
Los deseos más recónditos, sin saberlo,
te reclaman y te invocan.
Los anhelos más profundos te buscan
impacientemente.
Eres noche estrellada,
música de diamantes,
vértice del universo,
fuego de pedernal.

Allí donde posas tu planta llagada, allí el planeta arde en sangre y oro.

Caminas sobre las corrientes sonoras
y por las cumbres nevadas.
Suspiras en los bosques seculares.
Sonríes en el mirto y la retama.
Respiras en las algas, hongos y líquenes.

Por toda la amplitud del universo mineral
y vegetal te siento nacer, crecer, vivir,
reír, hablar.

Eres el pulso del mundo, mi Señor Jesucristo.
Eres Aquel que siempre está viniendo
desde las lejanas galaxias,
desde el centro ígneo de la tierra, y desde el fondo del tiempo;
vienes desde siempre, desde hace millones de Años-Luz.
En tu frente resplandece el destino del mundo y en tu corazón se concentra el fuego de los siglos.

Deslumbrado mi corazón ante tanta maravilla, me inclino para decirte: Tú serás el rey de mis territorios.
Para Ti será el fuego de mi sangre.
Tú serás mi camino y mi luz,
la causa de mi alegría,
la razón de mi existir y el sentido de mi vida,
mi brújula y mi horizonte,
mi ideal, mi plenitud y mi consumación.
Fuera de Ti no hay nada para mí.

Para Ti será mi última canción.
¡Gloria y honor por siempre
a Ti, Rey de los Siglos!

2. Padre

¿Cómo te llamaré, oh Tú,
que no tienes nombre?

Aquel que salió de los abismos de tu soledad,
tu Enviado Jesús, nos dijo
que eras y te llamabas *Padre*.
Fue una gran noticia.

En la quieta tarde de la eternidad,
mientras eras vida y fuego en expansión,
yo vivía en tu mente,
me acariciabas como un sueño de oro
y mi nombre lo llevabas escrito
en la palma de tu mano derecha.
Yo no lo merecía
pero Tú ya me amabas sin un por qué,
me amabas como se ama a un hijo único.

Desde la noche de mi soledad
levanto mis brazos para decirte: oh Amor,
Padre Santo, mar inagotable de ternura,
cúbreme con tu Presencia,
que tengo frío,
y a veces todo me da miedo.
Dicen que donde hay amor, no hay temor;
¿por qué, entonces, estos negros corceles
me arrastran hacia mundos ignorados
de ansiedades, miedos y aprensiones?
Padre querido, ten piedad
y dame el don de la paz,
la paz de un atardecer.

Yo sé que Tú eres la Presencia Amante,
el Amor Envolvente,
bosque infinito de brazos.
Eres perdón y comprensión,
seguridad y certeza, júbilo y libertad.

Salgo a la calle y Tú me acompañas;
me enfrasco en el trabajo
y quedas a mi lado;
en la agonía y más allá
me dices: aquí estoy, contigo voy.

Aunque intentara evadir tu cerco de amor,
aunque escalara montañas o estrellas,
aunque volara con alas de luz,
es inútil...
en un acoso ineludible
me circundas, inundas y transfiguras.

Me dicen que tus pies caminaron
por los mundos y los siglos
detrás de mi sombra huidiza,
y que cuando me encontraste
el cielo se deshizo en canciones.
Con tanta buena noticia
me has tornado
en un hijo prodigiosamente libre.
Gracias.

Y ahora derriba mis viejos castillos,
las altas murallas de mis egoísmos
hasta que no quede en mí
ni polvo de mí mismo,
y pueda así ser transparencia
para mis hermanos.

Y entonces, al pasar
por los desolados mundos,
también yo seré ternura y acogida,
alumbraré las noches de los peregrinos,
diré a los huérfanos: "Yo soy tu madre",

daré sombra a los extenuados,
patria a los fugitivos,
y los que carecen de hogar
se cobijarán bajo el alero de mi tejado.

Tú eres mi Hogar y mi Patria.
En ese hogar quiero descansar
al término del combate.
Tú velarás definitivamente mi sueño,
oh Padre, eternamente amante y amado.
Amén.

3. Claridad

Señor, una vez más estamos viviendo
una profunda intimidad.
Cada uno de nosotros siente su vida
maravillosamente invadida por tu vida.
Estamos viviendo ahora
la aventura de tu vida
en nuestra vida,
tu fuerza en nuestra debilidad,
tu vigor en nuestra impotencia.
Tu luz ha penetrado
en los caminos de mi ser.
Tú eres la luz para mi caminar.
Sé que sólo en tu luz, Señor,
podré construir bellamente mi vida.
Sé que Tú vives en la luz,
y que nos has comunicado
un poco de esa luz.

Pero, lamentablemente, por nuestra parte
todo son tinieblas.

Señor, los hombres parecen
sentirse satisfechos
caminando en las tinieblas.
Parecen sentirse a gusto caminando a ciegas,
con una venda en los ojos.
No quieren ver.
Y éste también es mi pecado:
muchas veces, tampoco quiero ver.

Tengo miedo de que, examinando mi vida,
me vea obligado a cambiar.
Yo te suplico, Señor: abre mis ojos.
En este momento de sinceridad, estoy seguro,
Señor, estoy seguro de que quiero ver.
Deja que tu luz penetre
ahora en mis tinieblas.
Luz. Claridad. Resplandor. Luz que ciega.
Transparente claridad. Destello iluminador.
Yo quiero ver, Señor, quiero ver. Amén.

4. Viniste como amigo

Llegaste a mí, humilde y discretamente,
para ofrecerme tu amistad.

Me elevaste a tu nivel, abajándote Tú al mío,
y deseas un trato familiar,
pleno de abandono.

Permaneces en mí misteriosamente,
como un amigo siempre presente,
dándoseme siempre,
y colmando por completo
todas mis aspiraciones.

Al entregártenos,
poseemos contigo toda la creación,
pues, todo el universo te pertenece.
Para que nuestra amistad sea perfecta,
tú me asocias a tus sufrimientos y alegrías,
compartes conmigo tus esperanzas,
tus proyectos, tu vida.

Me invitas a colaborar en tu obra redentora,
a trabajar contigo con todas mis fuerzas.

Quieres que nuestra amistad
sea fecunda y productiva,
para mí mismo y para los demás.

Dios amigo del hombre,
Creador amigo de la creatura,
Santo amigo del pecador.

Eres el Amigo ideal,
que nunca falla en su fidelidad
y nunca se rehusa a sí mismo.

Al ofrecimiento de tan magnífica amistad,
quisiera corresponder
como Tú lo esperas y mereces,
procediendo siempre como tu amigo. Amén.

5. Te di tan poco

¡Te di tan poco, Señor Jesús,
pero Tú hiciste de eso algo tan grande!
¡Soy tan poca cosa ante Ti,
y me tornaste tan rico!

No conseguí darte
todo lo que hubiese deseado,
ni logré amarte como yo quería y soñaba.

Te di tan poco, de verdad, tan poco,
y con tan poco entusiasmo y alegría.

Sin embargo, Tú sabes que en ese "poco"
yo quise poner todo mi corazón.

Tú ves el fondo de mí mismo,
con mi deseo de darte mucho más.

Como transformas mi pobreza en riqueza,
y mi vacío en plenitud,
toma mi don tal como es,
toma también todo lo que él no es
a fin de que en mí haya entrega total,
con mi propia miseria,
y sea todo de nuevo recreado
por el poder soberano de tu amor. Amén.

6. Necesitamos de Ti

Necesitamos de Ti, de Ti solamente, y de nadie más. Solamente Tú, que nos amas, puedes sentir por todos nosotros que sufrimos, la compasión que cada uno siente en relación consigo mismo. Sólo Tú puedes medir qué grande, qué inconmensurablemente grande es la necesidad que hay de Ti en este mundo, en esta hora.

Todos necesitan de Ti, también aquellos que no lo saben, y éstos necesitan bastante más que los que lo saben.

El hambriento piensa que debe buscar pan y, mientras tanto, tiene hambre de Ti. El sediento juzga necesitar agua, mientras siente sed de Ti. El enfermo se ilusiona en desear salud; su verdadero mal, sin embargo, es la ausencia de Ti. Quien busca la belleza del mundo, sin darse cuenta te busca a Ti, que eres la belleza plena. El que en sus pensamientos busca la verdad, sin darse cuenta te desea a Ti, que eres la única verdad digna de ser conocida. El que se esfuerza por conseguir la paz, está buscándote a Ti, Unica Paz donde pueden descansar los corazones inquietos.

Ellos te llaman sin saber que te llaman, y su grito es, misteriosamente, más doloroso que el nuestro. Te necesitamos. Ven, Señor.

7. Tu rostro busco, Señor

Deja por un momento tus preocupaciones habituales, hombre insignificante; entra por un instante dentro de ti mismo, alejándote del tumulto de tus pensamientos confusos y las preocupaciones inquietantes que te oprimen. Descansa en Dios por un momento, descansa sólo un instante en El.

Entra en lo más profundo de tu alma; aleja de ti todo, excepto a Dios y lo que te pueda ayudar a encontrarlo. Cierra la puerta de tu habitación, y búscalo en el silencio. Di a Dios con todas tus fuerzas, díselo al Señor: "Busco tu rostro. Tu rostro busco, Señor".

Y ahora, Señor y Dios mío, enséñame cómo y en dónde tengo que buscarte, en dónde y cómo te alcanzaré.

Si no estás en mí, Señor, si estás ausente, ¿en dónde te encontraré? Si estás en todas partes, ¿por qué no te haces aquí presente? Es cierto que habitas en una luz inaccesible, pero ¿en dónde está esa luz inaccesible? ¿Cómo me acercaré a ella? ¿Quién me guiará y me introducirá en esa luz para que en ella te contemple? ¿En qué huellas, en qué signos te reconoceré? Nunca te vi, Señor y Dios mío, no conozco tu rostro.

Dios Altísimo, ¿qué hará este desterrado lejos de Ti? ¿Qué hará este servidor, sediento de tu amor, que vaga lejos de Ti? Desea verte, y tu Rostro está muy distante de él. Desea reunirse contigo, y tu morada es inaccesible. Arde en deseos de encontrarte, e ignora dónde moras. No suspira, sino por ti, y nunca vio tu Rostro.

Señor, Tú eres mi Dios. Tú eres mi Señor, pero no te conozco. Tú me creaste y me redimiste. Tú me diste cuanto tengo, pero aún no te conozco. Fui creado para verte, y aún no pude alcanzar el fin para el que fui creado.

Y Tú, Señor, ¿hasta cuándo nos olvidarás, hasta cuándo esconderás tu rostro? ¿Cuándo mirarás hacia nosotros? ¿Cuándo nos escucharás? ¿Cuándo iluminarás nuestros ojos y nos mostrarás tu Rostro? ¿Cuándo responderás a nuestros deseos?

Señor, escúchanos, ilumínanos, revélate a nosotros. Atiende a nuestros deseos, y seremos felices.

Sin ti, todo es fastidio y tristeza. Compadécete de nuestros trabajos y de los esfuerzos que hacemos para llegar a Ti, ya que sin Ti nada podemos.

Enséñame a buscarte, muéstrame tu Rostro, porque si Tú no me lo enseñas no te podré encontrar. No te podré encontrar si Tú no te haces presente. Te buscaré deseándote, te desearé buscándote. Amándote te encontraré. Encontrándote, te amaré. Amén.

8. Elevación

Oh mi Dios, Trinidad que adoro, ayúdame a desentenderme por entero de mí mismo, para instalarme en Ti, inmóvil y pacífico, como si mi alma residiera ya en la eternidad. Que nada pueda perturbar mi paz ni desligarme de Ti, oh mi Inmutable, y que, a cada minuto, me abisme más profundamente en tu Misterio.

Pacifica mi alma. Haz de ella tu morada anhelada y el lugar permanente de tu descanso. Que yo jamás te abandone, sino que quede enteramente inmerso en Ti, todo atento en mi fe, en actitud de adoración, y entregado por completo a tu acción creadora.

Oh Cristo amado, crucificado por amor, cuánto desearía cubrirte de gloria; cómo desearía amarte hasta morir. Pero siento mi impotencia; por eso te ruego: revísteme de Ti mismo, identifica mi alma con todos los movimientos de tu corazón. Sumérgete en mí. Compenétrame y envuélveme. Toma mi lugar, a fin de que mi vida sea una irradiación de la tuya. Instálate en mí como Adorador, como Reparador, como Salvador.

Oh Verbo, oh Palabra de mi Dios, quiero pasar mi vida escuchándote, quiero ser enteramente dócil, para aprender todo de Ti. Y después, a través de todos los vacíos, de todas las noches, de todas las impotencias, quiero tener siempre los ojos fijos en Ti, y quedar bajo tu gran luz. Oh mi astro querido, fascíname, a fin de que yo no pueda salir del círculo de tus rayos.

Oh fuego devorador, Espíritu de Amor, ven a mí para que en mí se opere como una nueva encarnación del Verbo. Que yo sea, para El, una nueva humanidad en la que El renueve su Misterio.

Y Tú, oh Padre, inclínate sobre esta pobre criatura, cúbrela con tu presencia; contempla en ella tan sólo a tu Bienamado Hijo, en quien pusiste todas tus complecencias.

Oh mi "Tres", mi Todo, mi Beatitud, Soledad infinita, Inmensidad en la que me pierdo; me entrego a Ti por entero; sepúltate en mí para que yo me sepulte en Ti, en la esperanza de llegar a contemplar en tu luz, el abismo de tu grandeza. Amén.

9. Invocación al Espíritu Santo

Ven, Espíritu divino,
manda tu luz desde el cielo.

Padre amoroso del pobre;
don, en tus dones espléndido;
luz que penetras las almas;
fuente del mayor consuelo.

Ven, dulce huésped del alma,
descanso de nuestro esfuerzo,
tregua en el duro trabajo,
brisa en las horas de fuego,
gozo que enjuga las lágrimas
y reconforta en los duelos.

Entra hasta el fondo del alma,
divina luz, y enriquécenos.
Mira el vacío del hombre
si tú le faltas por dentro;
mira el poder del pecado
cuando no envías tu aliento.

Riega la tierra en sequía,
sana el corazón enfermo,
lava las manchas,
infunde calor de vida en el hielo,
doma el espíritu indómito,
guía al que tuerce el sendero.

Reparte tus siete dones
según la fe de tus siervos.
Por tu bondad y tu gracia
dale al esfuerzo su mérito;
salva al que busca salvarse
y danos tu gozo eterno. Amén.

II. FE, ESPERANZA

10. Consolación en la angustia

Señor, Señor. No puedo más.
Vengo de una larga noche;
estoy saliendo de las aguas saladas. Ten piedad.
La soledad es una alta muralla
que me cierra todos los horizontes.
Levanto los ojos y no veo nada.

Mis hermanos me dieron la espalda y se fueron.
    Todos se fueron.
Mi compañía es la soledad;
    mi alimento la angustia.
No quedan rosas. Todo es luto.
    ¿Dónde estás, Padre mío?
Una cruel agonía se me ha detenido, congelada,
en lo hondo de las entrañas.

Dame la mano, Padre; apriétamela;
sácame de este negro calabozo.
No me cierres la puerta, por favor, que estoy solo.
¿Por qué callas? Mis gritos llenaron la noche,
pero Tú permaneces sordo y mudo.
    Despierta, Padre mío.
Dame una señal, siquiera una, de que vives,
de que me amas, de que estás aquí, ahora, conmigo.
Mira que el miedo y la noche
    me rondan como fieras,
y sólo me quedas Tú, como única defensa
    y baluarte.

Pero yo sé que la aurora volverá,
y me consolarás de nuevo,
como una madre consuela a su niño pequeño;
y la armonía cubrirá los horizontes,
y ríos de consolación correrán por mis venas.

Regresarán mis hermanos a mi presencia,
y habrá de nuevo espigas y estrellas;
el aire se henchirá de alegría
y la noche de canciones,
y mi alma cantará eternamente tu misericordia,
porque me has consolado.
    Gracias, Padre mío. Así sea.

11. Los que creen

Felices los que no te vieron, y creyeron en Ti.
Felices los que no contemplaron
tu semblante
y confesaron tu divinidad.
Felices los que, al leer el Evangelio,
reconocieron en Ti a Aquel que esperaban.
Felices los que, en tus Enviados,
divisaron tu divina presencia.

Felices los que, en el secreto de su corazón,
escucharon tu voz y respondieron.
Felices los que,
animados por el deseo de palpar a Dios,
te encontraron en el misterio.
Felices los que,
en los momentos de oscuridad,
se adhirieron más fuertemente a tu luz.

Felices los que,
desconcertados por la prueba,
mantienen su confianza en Ti.
Felices los que,
bajo la impresión de tu ausencia,
continúan creyendo en tu proximidad.
Felices los que, no habiéndote visto,
viven la firme esperanza
de verte un día. Amén.

12. Momentos de oscuridad

Señor Jesucristo, de la oscuridad de la muerte hiciste surgir la luz. En el abismo de la soledad más profunda habita, de ahora en adelante y para siempre, la protección poderosa de tu amor; desde el rincón oscuro ya podemos cantar el aleluya de los que se salvan.

Concédenos la humilde simplicidad de la fe, que no se desvanece cuando nos acosas en las horas de oscuridad y abandono, cuando todo se torna problemático.

Concédenos en este tiempo en que, en derredor de uno se traba una lucha mortal, la luz suficiente para no perderte de vista; suficiente luz para poder entregarla a los que de ella necesitan más que nosotros.

Haz brillar sobre nosotros el misterio de tu alegría pascual como aurora de la mañana. Concédenos ser personas verdaderamente pascuales en medio del sábado santo de la historia.

Concédenos que, a través de los días luminosos y oscuros del tiempo en que vivimos, podamos siempre con ánimo alegre, caminar hacia la gloria futura. Amén.

13. Presencia Escondida

No estás.
No se ve tu Rostro.
Estás.
Tus rayos se disparan en mil direcciones.
Eres la Presencia Escondida.

Oh Presencia siempre oculta y siempre clara,
Oh Misterio Fascinante
al cual convergen todas las aspiraciones.
Oh Vino Embriagador
que satisfaces todos los deseos.
Oh Infinito Insondable
que aquietas todas las quimeras.

Eres el Más Allá y el Más Acá de todo.
Estás sustancialmente presente
en mi ser entero.
Tú me comunicas la existencia
y la consistencia.

Me penetras, me envuelves, me amas.

Estás en torno de mí y dentro de mí.
Con tu Presencia activa alcanzas
hasta las más remotas y profundas zonas
de mi intimidad.

Eres el alma de mi alma,
la vida de mi vida,
más yo que yo mismo,
la realidad total y totalizante,
dentro de la cual estoy sumergido.
Con tu fuerza vivificante
penetras todo cuanto soy y tengo.

Tómame todo entero,
oh Todo de mi todo,
y haz de mí
una viva transparencia de tu Ser
y de tu Amor.
¡Oh Padre queridísimo!

14. Señor de la victoria

Cuando todo se desmorona
en nuestros proyectos humanos,
en nuestros apoyos terrestres;
cuando de nuestros más bellos sueños
sólo nos queda la desilusión;
cuando nuestros mejores esfuerzos
y nuestra más firme voluntad
no alcanzan el objetivo propuesto;
cuando la sinceridad y el ardor del amor
nada consiguen,
y el fracaso está ahí, desolador y cruel,
frustrando nuestras más bellas esperanzas,
Tú permaneces, Señor, indestructible
y fuerte,
nuestro amigo que todo lo puede.

Tus designios permanecen intactos,
nada puede impedir
que tu voluntad se cumpla.
Tus sueños son más bellos que los nuestros,
y Tú los realizas.

Conviertes los fracasos en un triunfo mayor,
nunca eres vencido.
Tú, que de la pura nada
haces surgir el ser y la vida,
tomas nuestra impotencia
en tus manos creadoras,
con infinito amor,
y la haces producir un fruto, obra tuya,
mejor que todos nuestros deseos.

En Ti, nuestra esperanza
se salva del desastre,
cumplida en plenitud. Amén.

15. El Dios de la Fe

¡Oh Tú que no tienes nombre
y eres impalpable como una sombra
y sólido como una roca!
Nunca serás empíricamente captado
ni intelectualmente dominado,
porque eres el Dios de la Fe.

> No eres una cosa misteriosa sino el Misterio:
> Aquel que no puede ser entendido
> analíticamente;
> Aquel que no será reducido a abstracciones
> ni categorías.

Aquel a quien nunca alcanzarán los
silogismos;
Aquel que es para ser acogido, asumido,
vivido.
Aquel al que se le "entiende" de rodillas,
en la fe, entregándose.
Eres el Dios de la Fe.

Las palabras más excelsas del lenguaje humano no serán capaces de encerrar en sus fronteras ni un ápice de tu substancia, no podrán abarcar la amplitud, inmensidad y profundidad de tu realidad.

Superas, abarcas, trasciendes y comprendes todo nombre y toda palabra. Eres realmente el Sin-Nombre, verdaderamente el Innominado.
Eres el Dios de la Fe.

Sólo en la noche profunda de la fe,
cuando callan la mente y la boca,
en el silencio total y en la Presencia Total,
dobladas las rodillas y abierto el corazón,
sólo entonces aparece la certeza de la fe, la noche se trueca en mediodía, y se comienza a entender al Ininteligible.
Mientras tanto tenuemente vamos vislumbrando tu figura entre penumbras, huellas, vestigios, analogías y comparaciones.
Pero cara a cara no se te puede mirar.
Eres el Dios de la Fe.

Nuestra alma desea ardientemente asirse a Ti, adherirse. Queremos poseerte, ajustarnos en Ti, y descansar. Pero, ¡cuántas veces!, al llegar a

tu mismo umbral, te desvaneces como un sueño,
y te tornas en ausencia y silencio.

Definitivamente eres el Dios de la Fe.

Como los exiliados, somos arrastrados hacia Ti por una oscura y potente nostalgia, una extraña nostalgia por una persona que nunca abrazamos y una patria que nunca habitamos.

Nos das el aperitivo y nos dejas sin banquete. Nos diste las primicias, pero no las delicias del Reino. Nos das la sombra, pero no tu Rostro, y nos dejas como un arco tenso. ¿Dónde estás?

Peregrinos del Absoluto y buscadores de un Infinito que nunca "encontraremos", y, al no "encontrarte" jamás, estamos destinados a caminar siempre detrás de Ti como eternos caminantes en una odisea que sólo acabará en las playas definitivas de la Patria, cuando hayan caducado la fe y la esperanza, y sólo quede el Amor. Entonces sí, te contemplaremos cara a cara.

Dios mío, si yo soy un eco de tu voz, ¿cómo es que el eco sigue vibrando mientras la voz permanece en silencio?

Si yo soy la sed, y tú el Agua Inmortal, ¿cuándo acabarás de saciar esta sed?

Si yo soy el río, y tú el mar,
¿cuándo voy a descansar en Ti?
Te aclamo y reclamo,
te afirmo y confirmo,
te exijo y necesito,
te añoro y te anhelo,
¿dónde estás?

Oh Tú que no tienes nombre ni figura;
en la oscuridad de la noche doblo mis rodillas,
me entrego a Ti, creo en Ti.

16. Oración de la esperanza

Señor,
una vez más estoy delante de tu Misterio.
Estoy constantemente envuelto
en tu Presencia
que tantas veces se torna en ausencia.
Busco tu Presencia
en la ausencia de tu Presencia.

Echando una mirada al inmenso mundo
de la tierra de los hombres,
tengo la impresión
de que muchos ya no esperan en Ti.
Yo mismo hago mis planes, trazo mis metas
y pongo las piedras de un edificio
del cual el único arquitecto
parezco ser yo mismo.

Hoy día los hombres somos, muchas veces,
unas criaturas que nos constituimos
en esperanza de nosotros mismos.
Dame, Señor, la convicción más profunda
de que estaré destruyendo mi futuro
siempre que la esperanza en Ti
no estuviere presente.

Haz que comprenda profundamente que,
a pesar del caos de cosas que me rodea,
a pesar de las noches que atravieso,

a pesar del cansancio de mis días,
mi futuro está en tus manos
y que la tierra que me muestras
en el horizonte de mi mañana
será más bella y mejor.

Deposito en tu Misterio mis pasos y mis días
porque sé que tu Hijo
y mi Hermano
venció la desesperanza
y garantizó un futuro nuevo
porque pasó de la muerte a la vida.
Amén.

17. Sufrimiento y redención

Señor, Señor ¿qué significa ser hombre? Sufrir a manos llenas. Desde el llanto del recién nacido hasta el último gemido del agonizante, sufrir es el pan cotidiano y amargo que nunca falta en la mesa familiar.

Dios mío, ¿para qué sirve esa criatura desventurada del dolor? Es un despojo inútil. No tiene nombre, pero tiene mil fuentes y mil rostros, y ¿quién puede soslayarlo? A nuestro lado camina en la ruta que va de la luz a la tiniebla. ¿Qué podemos hacer con él?

Es una criatura que brotó en el suelo humano como un hongo maldito sin que nadie lo sembrara ni lo deseara. ¿Qué hacemos con él?

Me acuerdo de tu cruz, oh Pobre de Dios, Jesús de Nazaret; aquella cruz que Tú no la elegiste, sino que la asumiste, y no con alegría, sino con paz. ¿Para qué sirve esa corriente caudalosa y sangrante del dolor humano? He ahí la cuestión: ¿qué hacer con ese misterio esencial y abrasador?

Las mil enfermedades, las mil y una incomprensiones, los conflictos íntimos, las depresiones y obsesiones, rencores y envidias, melancolías y tristezas, las limitaciones e impotencias, propias y ajenas, penas, clavos, suplicios... ¿Qué hacer con ese bosque infinito de hojas muertas?

Oh Justo, Siervo obediente y sumiso del Padre; llegada tu Hora, después de estremecerte por el susto y el espanto, te entregaste sosegado y aceptaste libremente el cáliz del dolor hasta agotar sus últimos y más amargos sedimentos. Los hechos de la conspiración humana no cayeron, ciegos y fatales, sobre Ti, sino que Tú los asumiste voluntariamente al ver que, si los hechos ocurrieron, no fue por la maquinación humana sino porque el Padre los permitió. Y cargaste con amor la cruz.

Gracias por la lección, Cristo amigo. Desde ahora tenemos respuesta al interrogante básico del hombre: ¿qué hacer con el dolor?

No se vence el sufrimiento lamentándolo, combatiéndolo o resistiéndolo, sino asumiéndolo. Y, al asumir con amor la cruz, estamos no sólo acompañándote, Jesús Nazareno, en la subida al Calvario, sino colaborando contigo en la redención del mundo, y más todavía, "estamos supliendo lo que falta a la Pasión del Señor".

La perfecta libertad está, pues, no sólo en asumir la cruz con amor sino en agradecerla, sabiendo que así asumimos solidariamente el dolor humano y colaboramos a la tarea trascendental de la redención de la Humanidad.

Gracias, Señor Jesucristo, por la sabiduría de la cruz.

III. SITUACIONES

18. Oración de la mañana

Señor, en el silencio de este día que nace,
vengo a pedirte paz,
sabiduría y fuerza.
Hoy quiero mirar el mundo con ojos llenos
de amor; ser paciente,
comprensivo, humilde, suave y bueno.
Ver detrás de las apariencias a tus hijos,
como los ves Tú mismo,
para, así, poder apreciar
la bondad de cada uno.
Cierra mis oídos a toda murmuración,
guarda mi lengua de toda
maledicencia, que sólo los pensamientos
que bendigan permanezcan en mí.
Quiero ser tan bien intencionado y justo
que todos los que se
acerquen a mí, sientan tu presencia.
Revísteme de tu bondad, Señor,
y haz que durante este día,
yo te refleje. Amén.

19. Plegaria para la noche

Padre mío, ahora que las voces se silenciaron y los clamores se apagaron, aquí al pie de la cama mi alma se eleva hasta a Ti para decirte:

creo en Ti, espero en Ti, te amo con todas mis fuerzas. Gloria a Ti, Señor.

Deposito en tus manos la fatiga y la lucha, las alegrías y desencantos de este día que quedó atrás.

Si los nervios me traicionaron, si los impulsos egoístas me dominaron, si di entrada al rencor o a la tristeza, ¡perdón, Señor! Ten piedad de mí.

Si he sido infiel, si pronuncié palabras vanas, si me dejé llevar por la impaciencia, si fui espina para alguien, ¡perdón, Señor! No quiero esta noche entregarme al sueño sin sentir sobre mi alma la seguridad de tu misericordia, tu dulce misericordia enteramente gratuita, Señor.

Te doy gracias, Padre mío, porque has sido la sombra fresca que me ha cobijado durante todo este día. Te doy gracias porque —invisible, cariñoso, envolvente— me has cuidado como una madre, a lo largo de estas horas.

Señor, a mi derredor ya todo es silencio y calma. Envía el ángel de la Paz a esta casa. Relaja mis nervios, sosiega mi espíritu, suelta mis tensiones, inunda mi ser de silencio y serenidad.

Vela sobre mí, Padre querido, mientras me entrego confiado al sueño, como un niño que duerme feliz en tus brazos.

En tu nombre, Señor, descansaré tranquilo. Así sea.

20. Súplica en la enfermedad

A Ti, Señor, que pasaste por este mundo "sanando toda dolencia y toda enfermedad", levanto mis gritos y gemidos, yo, pobre árbol azotado por el dolor. Hijo de David, ten compasión de mí.

Mi salud se deshace como una estatua de arena. Estoy encerrado en un círculo fatal: el hospital, la cama, los análisis, los diagnósticos, el alcohol, el algodón, el médico, la enfermera... no salgo de ese círculo. Una fiera llevo clavada en lo más recóndito de esta parte del cuerpo, y nadie descubre su figura. Ten piedad de mí, Señor.

Dios mío, cada mañana me levanto cansado; mis ojos enrojecen de tanto insomnio. Con frecuencia me siento pesado como un saco de arena. Mis huesos están carcomidos, mis entrañas deshechas, y como un perro rabioso me muerde el dolor. Y, sobre todo, el miedo, Señor. Tengo mucho miedo. El miedo, como un vestido mojado, se me pega al alma. ¿Qué será de mí? ¿Amanecerá para mí la aurora de la salud? ¿Podré cantar algún día el aleluya de los que se sanan?

¿Me visitarás alguna vez, Dios mío? ¿No dijiste un día: "levántate y anda"? ¿No dijiste a Lázaro: "sal fuera"? ¿No se sanaron los leprosos y caminaron los cojos al mando de tu voz? ¿No mandaste soltar las muletas, caminar sobre las aguas? ¿Cuándo llegará mi hora? ¿Cuándo podré narrar, también yo, tus maravillas? Hijo de David, ten piedad de mí, Tú que eres mi única esperanza.

Sin embargo, sé que hay otra cosa peor que la enfermedad: la angustia. Es buena la salud pero mejor es la paz. ¿Para qué sirve la salud sin la paz? Y lo que me falta ante todo es la paz, mi Señor Jesucristo. La angustia, sombra oscura hecha de soledad, miedo e incertidumbre, la angustia me asalta a ratos, y a veces me domina por completo. Con frecuencia siento tristeza, y a veces tristeza de muerte.

Necesito paz, Señor Jesús, esa paz que sólo Tú la puedes dar. Dame esa paz hecha de consolación, esa paz que es fruto de un abandono confiado. Dejo, pues, mi salud en manos de la medicina, y haré de mi parte todo lo posible para recuperar la salud. Lo restante lo dejo en tus manos.

A partir de este momento suelto los remos, y dejo mi barca a la deriva de las corrientes divinas. Llévame a donde quieras, Señor. Dame salud y vida larga, pero no se haga lo que yo quiero sino lo que quieras tú. Sé que esta noche me consolarás. Lléname de tu serenidad, y eso me basta. Así sea.

21. Unidad en el matrimonio

Señor,
y sucedió una vez
que sobre la tierra desnuda y virgen
brotó de improviso
una flor hecha de nieve y fuego.

Fue llama que extendió un puente de oro
entre las dos riberas,
guirnalda que engarzó para siempre
nuestras vidas y nuestros destinos.
Señor, Señor, fue el amor con sus prodigios,
ríos, esmeraldas e ilusiones.
¡Gloria a Ti, horno incandescente de amor!

Pasó el tiempo,
y en el confuso esplendor de los años
la guirnalda perdió frescor,
y la escarcha
envolvió a la llama por sus cuatro costados;
la rutina, sombra maldita, fue invadiendo,
sin darnos cuenta, y penetrando
todos los tejidos de la vida.
Y el amor comenzó a invernar.

Señor, Señor, fuente de amor;
    dobladas las rodillas
desgranamos ante Ti nuestra ardiente súplica:
Sé Tú en nuestra casa
lámpara y fuego,
pan, piedra y rocío,
viga maestra y columna vertebral.
Restaña las heridas cada noche
y renazca el amor cada mañana
como fresca primavera.
Sin Ti nuestros sueños rodarán por la pendiente.
Sé Tú para nosotros escarlata de fidelidad,
espuma de alegría, y garantía de estabilidad.
Mantén, Señor, alta como las estrellas,
    en nuestro hogar la llama roja del amor,
y la unidad, como río caudaloso, recorra e irrigue
nuestras arterias por los días de los días.

Sé Tú, Señor Dios, el lazo de oro que mantenga
 nuestras vidas
incorruptiblemente entrelazadas hasta la
 frontera final
y más allá. Así sea.

22. Ha nacido un nuevo hijo

Llegó,
y la casa se llenó de fragancia.
Parece primavera.
En Ti, Padre Santo, hontanar de toda paternidad,
en Ti están todas nuestras fuentes.
Nos has enviado un regalo
deseado y soñado:
un niño ha llegado al banquete de la fiesta.
¡Sea bienvenido!

¿Con qué palabras te daremos gracias,
Señor de la vida, con qué palabras?
Gracias por sus ojos y sus manos,
gracias por sus pies y su piel,
gracias por su cuerpo y su alma.

En tus manos de ternura lo depositamos
para que lo cuides y lo mimes
y lo llenes de dulzura.

Padre Santo y querido, pon un ángel a su lado
para que cierre el paso a la enfermedad y todo mal,
y lo guíe por el sendero de salud y bienestar.

El Bien, la Paz, y la Bendición
lo acompañen por todos los días de su vida. Amén.

23. Un hogar feliz

Señor Jesús, Tú viviste en una familia feliz.
Haz de esta casa una morada de tu presencia,
un hogar cálido y dichoso.
Venga la tranquilidad a todos sus miembros,
la serenidad a nuestros nervios,
el control a nuestras lenguas,
la salud a nuestros cuerpos.

Que los hijos sean y se sientan amados
y se alejen de ellos para siempre
la ingratitud y el egoísmo.
Inunda, Señor, el corazón de los padres
de paciencia y comprensión,
y de una generosidad sin límites.

Extiende, Señor Dios, un toldo de amor
para cobijar y refrescar, calentar y madurar
a todos los hijos de la casa.

Danos el pan de cada día,
y aleja de nuestra casa
el afán de exhibir, brillar y aparecer;
líbranos de las vanidades mundanas
y de las ambiciones que inquietan y roban la paz.

Que la alegría brille en los ojos,
la confianza abra todas las puertas,
la dicha resplandezca como un sol;
sea la paz la reina de este hogar
y la unidad su sólido entramado.
Te lo pedimos a Ti que fuiste un hijo feliz
en el hogar de Nazaret junto a María y José.
Amén.

24. Buenas nuevas

Al alba llegó el mensajero
y el cartero al atardecer.
Y la casa se llenó de luz.

Nuestras aprensiones se esfumaron.
Y respiramos.
Los cálculos más optimistas
quedaron atrás.

La armonía volvió.
El éxito sonrió.
La salud renació.

Las buenas nuevas de esta tarde
nos llenaron de tranquilidad.
Volvió la sonrisa a nuestros labios.
Estamos felices.

Dios mío, déjame decir:
espigas y cumbres,
nieves y ríos
dad gracias a mi Dios. Así sea.

25. Requiem para un ser querido

Silencio y paz.
Fue llevado al país de la vida.
¿Para qué hacer preguntas?
Su morada, desde ahora, es el Descanso,
y su vestido, la Luz. Para siempre.
Silencio y paz. ¿Qué sabemos nosotros?

Dios mío, Señor de la Historia y dueño del ayer y del mañana, en tus manos están las llaves de la vida y de la muerte. Sin preguntarnos, lo llevaste contigo a la Morada Santa, y nosotros cerramos nuestros ojos, bajamos la frente y simplemente te decimos: está bien. Sea.

Silencio y paz.

La música fue sumergida en las aguas profundas, y todas las nostalgias gravitan sobre las llanuras infinitas.

Se acabó el combate. Ya no habrá para él lágrimas, ni llanto, ni sobresaltos. El sol brillará por siempre sobre su frente, y una paz intangible asegurará definitivamente sus fronteras.

Señor de la vida y dueño de nuestros destinos, en tus manos depositamos silenciosamente este ser entrañable que se nos fue.

Mientras aquí abajo entregamos a la tierra sus despojos transitorios, duerma su alma inmortal para siempre en la paz eterna, en tu seno insondable y amoroso, oh Padre de misericordia.

Silencio y paz.

IV. ESTADOS DE ANIMO

26. Súplica en el temor

Señor, hay nubes en el horizonte.
El mar está agitado.
Tengo miedo.

El recelo me paraliza la sangre.
Manos invisibles me tiran hacia atrás.
No me atrevo.

Una bandada de oscuras aves
está cruzando el firmamento.
¿Qué será?

Dios mío, di a mi alma:
Yo soy tu Victoria.

Repite a mis entrañas:
no temas, yo estoy contigo.

27. Paz

¡Señor!
¡Colma de esperanza mi corazón
y de dulzura mis labios!
Pon en mis ojos la luz que acaricia y purifica,
en mis manos el gesto que perdona.
Dame valor para la lucha,
compasión para las injurias,
misericordia para la ingratitud y la injusticia.

Líbrame de la envidia
y de la ambición mezquina,
del odio y de la venganza.
Y que, al volver hoy nuevamente al calor
de mi lecho, pueda,
en lo más íntimo de mi ser,
sentirte a Ti presente. Amén.

28. Momentos de depresión

Dios mío, Dios mío ¿por qué me has abandonado? De improviso, cincuenta atmósferas han caído pesadamente sobre mí, y no sé a dónde huir, ni tengo ganas de vivir. ¿Dónde estás, Señor?

Arrastrado como un desvalido hacia un erial inerte, sólo sombras rodean mis fronteras. ¿A dónde salir? Piedad, Dios mío.

¡Pobre ángel sin alas!, abandonado sobre caminos olvidados y cubiertos de niebla. ¿Dónde estoy? Estoy en el fondo del mar y no puedo respirar. ¿Dónde se escondió la luz? ¿Arde todavía el sol?

Peor que el vacío y la nada, ¿qué es esto?, simplemente horror de sentirse hombre. Dios mío ¿por qué no me borras de la lista de los vivientes?

Como una ciudad sitiada, me cercan y aprietan y ahogan la angustia, la tristeza, el amargor y la agonía. ¿Cómo se llama esto? ¿Náusea? ¿Tedio de la vida? La desolación extiende sus grises alas de horizonte a horizonte. ¿Dónde está la puerta de salida? Pero ¿hay salida? Tú eres, sólo Tú eres mi salida, Dios mío.

No me olvido, Jesús, Hijo de Dios y Siervo del Padre que allá en Getsemaní, bajo el clamor de los olivos y a la luz de la luna, el tedio y la agonía te estrujaron hasta verter lágrimas y sangre; y recuerdo que una pesada tristeza de muerte inundó tu interior como un mar amargo. Pero todo pasó.

Yo sé que también mi noche pasará. Sé que rasgarás estas tinieblas, Dios mío, y mañana amanecerá la consolación. Caerán las gruesas murallas y de nuevo podré respirar. Mañana mismo mi pobre alma será visitada y volveré a vivir.

Y diré: gracias, mi Dios, porque todo fue una pesadilla; sólo la pesadilla de una noche que ya pasó. Mientras tanto, dame paciencia y esperanza. Y hágase tu voluntad, Dios mío. Amén.

29. Gratitud

Aunque nuestra boca estuviera
llena de canto
como el mar;
y nuestra lengua de júbilo
como el bramido de sus olas;
y nuestros labios, de alabanza
como la amplitud del firmamento;
y nuestros ojos resplandeciesen
como el sol y la luna;
y nuestros brazos se extendiesen

como las águilas de los espacios;
y nuestros pies fuesen ligeros
como los de los ciervos...
no alcanzaríamos a agradecerte, Adonai, Dios nuestro y Dios de nuestros padres, y a bendecir tu Nombre ni una infinitésima parte, por los beneficios que hiciste a nuestros padres y a nosotros. Amén.

30. Perdóname, Señor

Si, extenuado, caigo en medio del camino,
perdóname, Señor.
Si mi corazón vacilara un día ante el dolor,
perdóname, Señor.

Perdona mi pusilanimidad.
Perdona por haberme detenido.

La magnífica guirnalda
que ofrecí a Dios esta mañana,
está ya marchitándose;
su belleza se desvanece.
Perdóname, Señor.

V. ABANDONO

31. Acto de abandono

En tus manos, oh Dios, me abandono.
Modela esta arcilla,
como hace con el barro el alfarero.
Dale forma, y después, si así lo quieres,
hazla pedazos.
Manda, ordena. "¿Qué quieres
que yo haga?
¿Qué quieres que yo no haga?".

Elogiado y humillado, perseguido,
incomprendido y calumniado,
consolado, dolorido, inútil para todo,
sólo me queda decir a ejemplo de tu Madre:
"Hágase en mí según tu palabra".

Dame el amor por excelencia,
el amor de la Cruz;
no una cruz heroica, que pudiera satisfacer
mi amor propio;
sino aquellas cruces humildes y vulgares,
que llevo con repugnancia.
Las que encuentro cada día
en la contradicción,
en el olvido, el fracaso, en los falsos
juicios y en la indiferencia,
en el rechazo y el menosprecio de los demás,
en el malestar y la enfermedad,
en las limitaciones intelectuales
y en la aridez, en el silencio del corazón.

Solamente entonces Tú sabrás que te amo,
aunque yo mismo no lo sepa.
Pero eso basta. Amén.

32. Abandono

Nunca es demasiado largo el camino
para llegar al encuentro del Amigo,
ni demasiado pequeño el lugar
donde El habita.
Si los hombres generosos
se ponen en camino
para llegar hasta Ti,
y te piden con insistencia
los bienes del espíritu,
uno después de otro...

Nosotros, por el contrario,
dejamos las cabalgaduras
en la etapa del abandono total
en tu voluntad,
y renunciamos a seguir el viaje,
en el que siempre paramos,
para volver a partir.
Depositamos nuestra impedimenta
ante el umbral de tu casa.
Oh, mi Dios, nuestros intereses
te los confiamos todos, enteramente.
Dispón, pues,
como fuere de tu agrado;
no nos dejes volver
al sabor de nuestras previsiones,
¡Oh Dios de majestad! Amén.

33. Oración de abandono

Padre,
en tus manos me pongo.
Haz de mí lo que quieras.
Por todo lo que hagas de mí,
te doy gracias.

Estoy dispuesto a todo, lo acepto todo,
con tal de que tu voluntad se haga en mí
y en todas tus criaturas.
No deseo nada más, Dios mío.

Pongo mi alma entre tus manos,
te la doy, Dios mío,
con todo el ardor de mi corazón
porque te amo,
y es para mí una necesidad de amor
el darme, el entregarme
entre tus manos sin medida,
con infinita confianza,
porque Tú eres mi Padre. Amén.

34. Paciencia

Hijo,
si emprendes en serio el camino de Dios,
prepara tu alma para las pruebas que vendrán;
siéntate pacientemente ante el
    umbral de su puerta
aceptando con paz los silencios,
    ausencias y tardanzas
a las que El quiera someterte,

porque es en el crisol del fuego donde
   se purifica el oro.

Señor Jesús, desde que pasaste por este mundo
teniendo la paciencia como vestidura y distintivo,
es ella la reina de las virtudes
y la perla más preciosa de tu corona.

Dame la gracia de aceptar con paz
la esencial gratuidad de Dios,
el camino desconcertante de la Gracia
y las emergencias imprevisibles de la naturaleza.
Acepto con paz
la marcha lenta y zigzagueante de la oración
y el hecho de que el camino para la santidad
sea tan largo y difícil.

Acepto con paz
las contrariedades de la vida
y las incomprensiones de mis hermanos,
las enfermedades y la misma muerte,
y la ley de la insignificancia humana, es decir:
que, después de mi muerte, todo seguirá igual
como si nada hubiese sucedido.

Acepto con paz
el hecho de querer tanto y poder tan poco,
y que, con grandes esfuerzos, he de conseguir
   pequeños resultados.
Acepto con paz la ley del pecado, esto es:
hago lo que no quiero, y dejo de hacer
aquello que me gustaría hacer.
Dejo con paz en tus manos lo que debiera
   haber sido y no fui,
lo que debiera haber hecho y no lo hice.

Acepto con paz toda impotencia humana
que me circunda y me limita.
Acepto con paz
las leyes de la precariedad y de la transitoriedad,
la ley de la mediocridad y del fracaso,
la ley de la soledad y de la muerte.

A cambio de toda esta entrega, dame la Paz, Señor.

35. Tómame

Tómame, Señor Jesús, con todo lo que soy;
con todo lo que tengo y lo que hago,
lo que pienso y lo que vivo.
Tómame en mi espíritu,
para que se adhiera a Ti;
en lo más íntimo de mi corazón,
para que sólo te ame a Ti.

Tómame, Dios mío, en mis deseos secretos,
para que sean mi sueño y mi fin único,
mi total adhesión y mi perfecta felicidad.
Tómame con tu bondad, atrayéndome a Ti.
Tómame con tu dulzura, acogiéndome en Ti.
Tómame con tu amor, uniéndome a Ti.
Tómame, mi Salvador, en tu dolor,
tu alegría,
tu vida, tu muerte, en la noche de la cruz,
en el día inmortal de tu Resurrección.

Tómame con tu poder, elevándome hasta Ti;
tómame con tu ardor, inflamándome de Ti,
tómame con tu grandeza, perdiéndome en Ti.

Tómame para la tarea de tu gran misión,
para una entrega total
a la salvación del prójimo
y para cualquier sacrificio
al servicio de tus hermanos.

Tómame, oh Cristo, mi Dios,
sin límites y sin fin.
Toma lo que puedo ofrecerte;
no me devuelvas jamás lo que tomaste,
de manera que un día
pueda poseerte a Ti en el abrazo del cielo,
tenerte y conservarte para siempre. Amén.

36. Cántico del abandono

Padre mío,
hoy levanto mi voz para cantarte
porque, en vez de día,
en vez de sol, con su luz y sus colores,
me has dado sombra,
una noche fría.

Yo te amo,
yo te adoro
porque las olas del mar de tu omnipotencia
irrumpieron y arruinaron
mis sueños y mis castillos;
y deshicieron
los más suaves, los más fuertes,
los más sagrados lazos
de mi existencia.

Yo te amo,
yo te adoro y bendigo

porque, en vez del calor de tu ternura,
descendió a mi huerto
el hielo de la indiferencia
congelando la última flor.

Señor, mi Dios,
yo te bendigo y te alabo porque en tu santa
y dulcísima voluntad
has permitido que las sombras del crepúsculo
desmayasen el colorido de mi juventud;
porque quisiste que yo fuese, no un astro
ni siquiera un cáliz brillante y hermoso
sino un grano de arena, simple e insignificante,
en la inmensa playa de la humanidad.

Si un día te alabé en la alegría
y te canté en medio de esa luz
con la que transfiguraste mi vida,
hoy te amo y te adoro bajo la sombra de la cruz.
Te bendigo en la lucha y en el trabajo,
en las piedras y asperezas de la subida;
y el llanto que hoy derramo
es el dulce rocío
de la corola de mi alma agradecida
que te bendice en el tedio y en la pobreza,
en la niebla gris de la tristeza,
porque, así y todo, me diste, cariñoso,
esta bóveda azul e infinita
para cubrir, oh Señor, mi desdicha.

Sí; yo beso con ternura y abandono
esas manos divinas que me hieren,
porque creo firmemente que no cae
un solo cabello ni una hoja
sin la voluntad dulcísima del Padre

que dirige sabiamente
la orquesta sinfónica y divina
del universo.

Sí, Padre poderoso y querido;
desde el fondo más recóndito
del océano de mi alma
te alabo absorto y agradecido
y exulto en un canto de esperanza.
Si un día te atravesaste en mis planes y programas,
si apagaste un momento la luz de mi llama,
es porque, más allá del brillo de las cosas,
de los aromas, de las flores que fenecen,
hay otro mundo más hermoso que yo diviso,
una Patria en la que nunca anochece
y una Casa de Luz edificada sobre la paz eterna.
En tus manos me pongo;
haz de mí lo que quieras. Amén.

VI. TRANSFORMACION

37. La gracia del amor fraterno

Señor Jesús,
fue tu Gran Sueño: que fuéramos uno como el Padre y Tú, y que nuestra unidad se consumara en vuestra unidad.

Fue tu Gran Mandamiento, Testamento final y bandera distintiva para tus seguidores: que nos amáramos como tú nos habías amado; y Tú nos amaste como el Padre te había amado a Ti. Esa fue la fuente, la medida y el modelo.

Con los Doce formaste una familia itinerante. Fuiste con ellos sincero y veraz, exigente y comprensivo, y, sobre todo, muy paciente. Igual que en una familia,
    los alertaste ante los peligros,
    los estimulaste ante las dificultades,
    celebraste sus éxitos,
    les lavaste los pies,
    les serviste en la mesa. Nos diste, primero, el ejemplo y, después, nos dejaste el precepto: amaos como os amé.

En la nueva familia o fraternidad que hoy formamos en tu nombre, te acogemos como Don del Padre y te integramos como Hermano nuestro, Señor Jesús. Tú serás, pues, nuestra fuerza aglutinante y nuestra alegría.

Si Tú no estás vivo entre nosotros, esta comunidad se vendrá al suelo como una construcción artificial.

Tú te repites y revives en cada miembro, y por esta razón nos esforzaremos por respetarnos unos a otros como lo haríamos contigo; y tu presencia nos cuestionará cuando la unidad y la paz sean amenazadas en nuestro hogar. Te pedimos, pues, el favor de que permanezcas muy vivo en cada uno de nuestros corazones.

Derriba en nosotros las altas murallas levantadas por el egoísmo, el orgullo y la vanidad. Aleja de nuestras puertas las envidias que obstruyen y destruyen la unidad. Líbranos de las inhibiciones. Calma los impulsos agresivos. Purifica las fuentes originales. Y que lleguemos a sentir como Tú sentías, y amar como Tú amabas. Tú serás nuestro modelo y nuestro guía, oh Señor Jesús.

Danos la gracia del amor fraterno: que una corriente sensible, cálida y profunda corra en nuestras relaciones; que nos comprendamos y nos perdonemos; nos estimulemos y nos celebremos como hijos de una misma madre; que no haya en nuestro camino obstáculos, reticencias ni bloqueos, antes bien, seamos abiertos y leales, sinceros y afectuosos y así crezca la confianza como un árbol frondoso que cubra con su sombra, a todos los hermanos de la casa, Señor Jesucristo.

Así lograremos un hogar cálido y feliz que se levantará, cual ciudad en la montaña, como señal profética de que tu Gran Sueño se cumple, y de que Tú mismo, Señor Jesús, estás vivo entre nosotros. Así sea.

38. Decisión

Oh Cristo.
He entrado en el recinto de la oscuridad,
y las tinieblas me duelen,
me hieren,
me lastiman.
Siento falta de Ti.
Sé que Tú estás en mí.
Pero estás callado,
quieto,
esperando mi decisión.

Tú sabes...
yo no puedo vivir sin Ti.
La vida, sin Ti,
es vacía,
sin sentido,
sin colores.
Es angustia.

Oh Cristo,
no te quedes callado.
¡Sálvame!

39. Conversión total

Sé que algo me estás pidiendo, Señor Jesús.
Tantas puertas abiertas de un solo golpe.

El panorama de mi vida ante mis ojos:
no como en un sueño.

Sé que algo esperas de mí, Señor,
y aquí estoy,
al pie de la muralla: todo está abierto,
sólo hay un camino libre,
abierto al infinito, el absoluto.

Pero yo no he cambiado, a pesar de todo.
Tendré que tomar contacto
contigo, Señor; buscaré tu compañía,
aún por largo tiempo.
Para morir, pero entonces enteramente.

Como esos heridos que sufren, Señor:
te pido que acabes conmigo.
Estoy cansado de no ser tuyo, de no ser Tú.

40. Detenerse

¡Qué bueno es detenerse...!
Señor, me gustaría detenerme
en este mismo instante.
¿Por qué tanta agitación?
¿Para qué tanto frenesí?
Ya no sé detenerme.
Me he olvidado de rezar.
Cierro ahora mis ojos.
Quiero hablar contigo, Señor.
Quiero abrirme a tu universo,
pero mis ojos se resisten
a permanecer cerrados.
Siento que una agitación frenética

invade todo mi cuerpo,
que va y viene, se agita, esclavo de la prisa.
Señor, me gustaría detenerme ahora mismo.
¿Por qué tanta prisa?
¿Por qué tanta agitación?
Yo no puedo salvar al mundo.

Yo soy apenas una gota de agua
en el océano inmenso
de tu maravillosa creación.
Lo verdaderamente importante
es buscar tu Rostro bendito.
Lo verdaderamente importante
es detenerse de vez en cuando,
y esforzarse en proclamar
que Tú eres la Grandeza,
la Hermosura, la Magnificencia,
que Tú eres el Amor.
Lo urgente es hacer
y dejar que Tú hables dentro de mí.
Vivir en la profundidad de las cosas
y en el continuo esfuerzo
por buscarte en el silencio de tu misterio.

Mi corazón continúa latiendo,
pero de una manera diferente.
No estoy haciendo nada,
no estoy apurándome.
Simplemente, estoy ante Ti, Señor.
Y qué bueno es estar delante de Ti. Amén.

41. La gracia de la humildad

Señor Jesús, manso y humilde.

Desde el polvo me sube y me domina esta sed insaciable de estima, esta apremiante necesidad de que todos me quieran. Mi corazón está amasado de delirios imposibles.

Necesito redención. Misericordia, Dios mío.

No acierto a perdonar,
el rencor me quema,
las críticas me lastiman,
los fracasos me hunden,
las rivalidades me asustan.

Mi corazón es soberbio. Dame la gracia de la humildad, mi Señor manso y humilde de corazón.

No sé de dónde me vienen estos locos deseos de imponer mi voluntad, eliminar al rival, dar curso a la venganza. Hago lo que no quiero. Ten piedad, Señor, y dame la gracia de la humildad.

Gruesas cadenas amarran mi corazón: este corazón echa raíces, sujeta y apropia cuanto soy y hago, y cuanto me rodea. Y de esas apropiaciones me nace tanto susto y tanto miedo. ¡Infeliz de mí, propietario de mí mismo!, ¿quién romperá mis cadenas? Tu gracia, mi Señor pobre y humilde. Dame la gracia de la humildad.

La gracia de perdonar de corazón. La gracia de aceptar la crítica y la contradicción, o, al menos, de dudar de mí mismo cuando me corrijan.

Dame la gracia de hacer tranquilamente la autocrítica.

La gracia de mantenerme sereno en los desprecios, olvidos e indiferencias; de sentirme verdaderamente feliz en el anonimato; de no fomentar autosatisfacciones en los sentimientos, palabras y hechos.

Abre, Señor, espacios libres dentro de mí para que los puedas ocupar Tú y mis hermanos.

En fin, mi Señor Jesucristo; dame la gracia de ir adquiriendo paulatinamente un corazón desprendido y vacío como el tuyo; un corazón manso, paciente y benigno. Cristo Jesús, manso y humilde de corazón, haz mi corazón semejante al tuyo. Así sea.

42. Delante de tu rostro, Señor

Te he buscado, Señor, en la medida de mis capacidades y el poder que Tú me diste, empeñándome en comprender con mi inteligencia lo que creía por la fe; y disputé y me fatigué en demasía.

Señor y Dios mío, mi única esperanza, óyeme para que no sucumba al desaliento y deje de buscarte; ansié siempre tu rostro con ardor. Dame fuerzas para la búsqueda. Tú que permitiste que te encontrara, y me has dado esperanzas de un conocimiento más perfecto. Ante Ti está mi firmeza y mi debilidad; sana ésta, conserva aquélla. Ante Ti está mi ciencia y mi ignorancia; si me abres, recibe al que entra, y si me cierras la puerta, abre al que insiste en llamar.

Haz que me acuerde de Ti, te comprenda y te ame. Acrecienta en mí estos dones hasta mi entrega completa. Amén.

43. La gracia de respetarnos

Jesucristo, Señor y hermano nuestro.
Pon un candado a la puerta
  de nuestro corazón
para no pensar mal de nadie,
no prejuzgar,
no sentir mal,
para no suponer ni interpretar mal,
para no invadir el santuario sagrado
  de las intenciones.

Señor Jesús, lazo unificante de nuestra fraternidad.

Pon un sello de silencio en nuestra boca para cerrar el paso a toda murmuración o comentario desfavorable, para guardar celosamente hasta la sepultura las confidencias que recibimos o las irregularidades que observamos, sabiendo que la primera y concreta manera de amar es guardar silencio.

Siembra en nuestras entrañas fibras de delicadeza. Danos un espíritu de alta cortesía para reverenciarnos unos a otros como lo haríamos contigo mismo. Y danos, al mismo tiempo, la exacta sabiduría para enlazar convenientemente esa cortesía con la confianza fraterna.

Señor Jesucristo, danos la gracia de respetarnos. Así sea.

44. Condúceme

Guíame, clara luz,
a través de las tinieblas que me rodean,
llévame cada vez más adelante.
La noche está oscura
y estoy lejos de casa,
condúceme Tú cada vez más adelante.

Guía mis pasos: no te pido
que me hagas ver desde ahora
lo que me reservas para más adelante.
Un solo paso es bastante para mí,
por el momento.
No siempre he sido así;
ni tampoco he rezado siempre
para que Tú me condujeras.
Me gustaba elegir mi propio camino;
pero ahora te pido que me guíes Tú
siempre más adelante.
Ansiaba los días de gloria
y el orgullo dirigía mis pasos;
¡oh! no te acuerdes de esos años ya pasados.

Tu poder me ha bendecido largamente;
y sin duda ahora también
sabrá conducirme por la estepa y los pantanos,
por el pedregal y los abruptos torrentes

hasta que la noche haya pasado
y sonría el amanecer.
Por la mañana, aquellos rostros de ángeles
que había amado por largo tiempo
y que durante una época perdí de vista,
volverán a sonreírme.

Guíame, clara luz,
llévame cada vez más adelante. Amén.

45. La gracia de dialogar

Señor Dios, te alabamos y te glorificamos por la hermosura de ese don que se llama *diálogo*. Es un "hijo" predilecto de Dios porque es como aquella corriente alterna que bulle incesantemente en el seno de la Santa Trinidad.

El diálogo desata los nudos,
disipa las suspicacias,
abre las puertas,
soluciona los conflictos,
engrandece la persona,
es vínculo de unidad
y "madre" de la fraternidad.

Cristo Jesús, núcleo de la comunidad evangélica; haznos comprender que nuestras desinteligencias se deben, casi siempre, a la falta de diálogo.

Haznos comprender que el diálogo no es una discusión ni un debate de ideas, sino una búsqueda de la verdad entre dos o más personas. Haznos comprender que mutuamente nos necesitamos y nos complementamos porque tenemos para dar y necesitamos recibir, ya que yo puedo ver lo que los otros no ven, y ellos pueden ver lo que yo no veo.

Señor Jesús, cuando aparezca la tensión, dame la humildad para no querer imponer mi verdad atacando la verdad del hermano; de saber callar en el momento oportuno; de saber esperar a que el otro acabe de expresar por completo su verdad.

Dame la sabiduría para comprender que ningún ser humano es capaz de captar enteramente la verdad toda, y que no existe error o desatino que no tenga alguna parte de verdad.

Dame la sensatez para reconocer que también yo puedo estar equivocado en algún aspecto de la verdad, y para dejarme enriquecer con la verdad del otro. Dame, en fin, la generosidad para pensar que también el otro busca honestamente la verdad, y para mirar sin prejuicios y con benevolencia las opiniones ajenas.

Señor Jesús, danos la gracia de dialogar. Así sea.

46. Transfiguración

Señor, una vez más estamos juntos.
Juntos estamos Tú y yo, Tú y mis hermanos.
Tu vida ha penetrado en mi vida.
Mi historia es tan banal, tan vacía,
tan mediocre.
Y ni siquiera tengo historia.

A veces, hasta me pregunto
si mi vida tiene sentido.
¡Tanto vacío, tanta complicación,
tanta infidelidad!
Pero cuando estoy contigo es como
si el entusiasmo,
el ánimo, renacieran, revivieran.

Y hoy he visto con mis hermanos,
con Pedro, Santiago y Juan,
tu semblante transfigurado,
iluminado, resplandeciente.
Tú, Señor Jesús, Tú eres el Dios de toda luz.
Tú el Dios de toda claridad y belleza.

Es bueno estar a tu lado,
es bueno convivir contigo.
Pero, mejor aún, Señor,
mejor aún es tener la certeza de que
estás conmigo en la vida,
por tu gracia, por tu amor.
Es bueno estar seguro
de que también mi rostro
ha de ser un rostro transfigurado,
iluminado, resplandeciente,
en la medida en que Tú
me vas transformando.

Libremente, alegremente,
jubilosamente te suplico, que yo me vaya
identificando cada vez más contigo,
hasta el punto de poder decir
con los apóstoles:
"¡Qué bien estamos aquí, Señor!".

47. La gracia de comunicarse

Señor Jesús,
llamaste "amigos" a los discípulos
porque les abriste tu intimidad.
Pero, ¡qué difícil es abrirse, Señor!
¡Cuánto cuesta rasgar el velo del propio misterio!
¡Cuántas trabas se interponen en el camino!
Pero sé bien, Señor, que sin comunicación
 no hay amor
y que el misterio esencial de la fraternidad
consiste en ese juego de abrirse y acogerse
 unos a otros.

Hazme comprender, Señor, que fui creado
no como un ser acabado y encerrado
sino como una tensión y movimiento
 hacia los demás;
que debo participar de la riqueza de los demás
y dejar que los demás participen de mi riqueza;
y que encerrarse es muerte
y abrirse es vida, libertad, madurez.

Señor Jesucristo, rey de la fraternidad;
dame la convicción y coraje de abrirme;
enséñame el arte de abrirme.
Rompe en mí los retraimientos y miedos,
 bloqueos y timideces
que obstaculizan la corriente de la comunicación.
Dame la generosidad para lanzarme sin miedo
en ese juego enriquecedor de abrirme y acoger.

Danos la gracia de la comunicación, Señor Jesús.

VII. ACCION APOSTOLICA

48. A la luz de tu Figura

Señor Jesucristo,
que tu presencia inunde por completo mi ser,
y tu imagen se marque a fuego
en mis entrañas,
para que pueda yo caminar
a la luz de tu figura,
y pensar como Tú pensabas,
sentir como Tú sentías,
actuar como Tú actuabas,
hablar como Tú hablabas,
soñar como Tú soñabas,
y amar como Tú amabas.

Pueda yo, como Tú,
despreocuparme de mí mismo
para preocuparme de los demás;
ser insensible para mí y sensible para los demás;
sacrificarme a mí mismo, y ser al mismo tiempo
aliento y esperanza para los demás.

Pueda yo ser, como Tú,
sensible y misericordioso;
paciente, manso y humilde;
sincero y veraz.
Tus predilectos, los pobres,
sean mis predilectos;
tus objetivos, mis objetivos.

Los que me ven, te vean.
Y llegue yo a ser una transparencia
de tu Ser y tu Amor. Así sea.

49. Oración para la acción

Señor, danos la sabiduría
que juzga desde arriba y ve a lo lejos.
Danos el espíritu que omite
lo insignificante en favor de lo esencial.
Enséñanos a serenarnos
frente a la lucha y los obstáculos,
y a proseguir en la fe, sin agitación,
el camino por Ti trazado.
Danos una actividad serena que abarque
con una visión unitaria la totalidad.

Ayúdanos a aceptar la crítica
y la contradicción.
Haz que sepamos evitar
el desorden y la dispersión.
Que amemos todas las cosas
juntamente contigo.
Oh Dios, fuente de ser, únenos a Ti
y a todo lo que converge
hacia la alegría y la eternidad. Amén.

50. Estás con nosotros

Estás con nosotros todos los días
hasta el fin del mundo.

Estás con nosotros, Omnipotencia divina,
con nuestra fragilidad.

Estás con nosotros, amor infinito,
que nos acompañas en todos nuestros pasos.

Estás con nosotros, protección soberana
y garantía de éxito en las tentaciones.

Estás con nosotros, energía que sostiene
nuestra vacilante generosidad.

Estás con nosotros,
en nuestras luchas y fracasos,
en nuestras dificultades y pruebas.

Estás con nosotros
en nuestras decepciones y ansiedades
para devolvernos el coraje.

Estás con nosotros en las tristezas
para comunicarnos el entusiasmo
de tu alegría.

Estás con nosotros en la soledad
como compañero que nunca falla.

Estás con nosotros
en nuestra misión apostólica
para guiarnos y sostenernos.

Estás con nosotros
para conducirnos al Padre
por el camino de la sabiduría
y de la eternidad. Amén.

51. Solidaridad

Cristo Jesús, fuiste Tú el primer solidario. Renunciando a los esplendores de la divinidad, te hiciste solidario del hombre, pobre peregrino con su soledad a cuestas, participando en la caravana de la existencia humana hasta las últimas consecuencias.

Haz de mí un ser solidario para poder
caminar junto al inválido,
dar la mano al ciego,
asistir a los que mueren abandonados
  en los hospitales,
enseñar a leer y escribir a los analfabetos,
ofrecer un rincón de la casa a los expulsados de su casa por no haber podido pagar el precio del alquiler,

prestar ayuda al que se encuentra en una emergencia extrema,

protestar por los que han sido torturados o los que fueron inmolados por defender a los oprimidos,

quitar el pan de la boca para dárselo al hambriento que se muere en el camino,

participar en el funeral de los muertos por accidente en las fábricas, en los andamios, en cualquier campo de trabajo, o los que cayeron en la calle acribillados por los agentes de la represión,

ponerme en la mira de la policía por haber alzado la voz en favor de los oprimidos,

formar fila en la gran marcha de los que luchan por los derechos humanos, por la unión de los trabajadores, por mejores salarios, por la promoción de la sensibilidad fraterna, de la justicia y de la paz.

Todos estos se sentarán a tu derecha, Señor, nimbados con la aureola de las bienaventuranzas: los perseguidos por la justicia, y los que trabajaron por la Paz.

52. Súplica

Dame, Señor, la simplicidad de un niño
y la conciencia de un adulto.
Dame, Señor, la prudencia de un astronauta
y el coraje de un salvavidas.
Dame, Señor, la humildad de un barrendero,
y la paciencia de un enfermo.
Dame, Señor, el idealismo de un joven
y la sabiduría de un anciano.
Dame, Señor, la disponibilidad
del Buen Samaritano
y la gratitud del menesteroso.
Dame, Señor, todo lo que de bueno
veo en mis hermanos,
a quienes colmaste con tus dones.

Haz, Señor, que sea imitador de tus santos,
o, mejor, que sea como Tú quieres:
perseverante, como el pescador,
y esperanzado
como el cristiano.
Que permanezca en el camino de tu Hijo
y en el servicio de los hermanos. Amén.

53. Generosidad

Señor, enséñame a ser generoso,
a dar sin calcular,
a devolver bien por mal,
a servir sin esperar recompensa,
a acercarme al que menos me agrada,
a hacer el bien al que nada puede retribuirme,
a amar siempre gratuitamente,
a trabajar sin preocuparme del reposo.

Y, al no tener otra cosa que dar,
a donarme en todo y cada vez más
a aquel que necesita de mí
esperando sólo de Ti
la recompensa.
O mejor: esperando que Tú Mismo
seas mi recompensa. Amén.

54. ¿Dónde estás?

Te suplico, Señor,
que pueda yo despertar un día
y oír el canto de los hombres
que descubrieron el amor.
El día en que ya olvidaron el odio,
las guerras, las razas, el color.

Espero ver algún día el nuevo mundo
que vuelve a encontrar su fe en Ti.
Porque el vacío que el mundo siente
sólo Tú puedes llenarlo.

También yo te busco.
¿Dónde estás?
¿Dónde, dónde estás?
Cuando la noche baja al mundo,
yo me dirijo a Ti.
Pero las estrellas no responden
a mis porqués.

Yo sé que Tú estás en mi hermano.
Sé que es tuya la voz de mis hermanos.
Sé que Tú tienes todos los colores de piel.
Sé que hablas todos los idiomas del mundo.
Sé que estás en todas las naciones.
Sé que tu nombre no tiene límites
en el tiempo y espacio.

Te busqué y ahora sé dónde,
dónde estás. Amén.

55. La gracia del trabajo

Desde pequeño, Señor Jesús,
    en un taller de artesano
ganaste el pan con el sudor de tu frente.
Desde entonces el trabajo adquirió
una alcurnia noble y divina.

Por el trabajo nos convertimos
en compañeros y colaboradores de Dios
y en artífices de nuestra historia.
El trabajo es el yunque donde forja el hombre
su madurez y grandeza,
la harina con que amasa el pan de cada día.

Lo material, al pasar por las manos del hombre,
se transforma en vehículo de amor.

Hazme comprender, Señor, cuánto amor entregan
los que confeccionan abrigos, siembran el trigo,
barren las calles, construyen las casas,
arreglan las averías, escuchan los problemas
o simplemente estudian para el trabajo
   y servicio del mañana.

Danos, Señor, la gracia de ofrecerte
   el trabajo cotidiano
como un gesto litúrgico, como una misa viviente
para tu gloria y el servicio de los hermanos. Amén.

56. Palabra y fuego

Padre, fuente de luz y calor, envíanos tu palabra viva, y haz que la aceptemos sin miedo y aceptemos ser abrasados por ella.

Venga tu palabra, Señor, y, una vez encendido en nuestros corazones tu fuego inextinguible, nosotros mismos seremos portadores de ese fuego unos para otros.

Tórnanos, Señor, en palabras cálidas y luminosas, capaces de incendiar el mundo, a fin de que cada hombre pueda sentirse cercado por las llamas infinitas de tu Amor. Amén.

57. Te rogamos, Señor

Señor Dios, te rogamos que bendigas el trabajo honesto en los campos y las fábricas; en las escuelas, las oficinas y en el comercio; en cualquier lugar donde se desarrolle nuestra actividad para ganar el pan cotidiano, para el desarrollo de las artes y ciencias.

Y ya que mandaste que el hombre sometiese las fuerzas de la creación y las dominase como dueño, condúcenos de la mano, Señor, a fin de que utilicemos las energías naturales sobre las que se extiende nuestro dominio, para el bienestar de los pueblos y no para su ruina, rindiendo gracias a Ti, Señor y Creador de todas las fuerzas del universo.

Y ya que nos diste un poder tan maravilloso, haz que nosotros, y todos los hombres, nuestros hermanos, te reconozcamos en Jesucristo, Señor y redentor de todas las criaturas, y te sirvamos con pleno sentido de responsabilidad en cada una de las acciones a las que nos entregamos.

Ten misericordia de los hombres sin esperanza, y de los que no conocen, diariamente, otra cosa sino el viejo dolor. Señor, ahora regresamos a nuestras casas, pero te suplicamos: quédate con nosotros, por tu palabra, por tu gracia y por la consolación del Espíritu Santo. En el nombre y por los méritos de Jesucristo, Salvador y esperanza del mundo. Amén.

58. Opción por los pobres

Señor Jesús, hermano de los pobres,
frente al turbio resplandor de los poderosos
te hiciste impotencia.

Desde las alturas estelares de la divinidad
bajaste al hombre hasta tocar el fondo.
Siendo riqueza, te hiciste pobreza.
Siendo el eje del mundo
te hiciste periferia, marginación, cautividad.

Dejaste a un lado a los ricos y satisfechos
y tomaste la antorcha
de los oprimidos y olvidados,
y apostaste por ellos.
Llevando en alto la bandera de la misericordia
caminaste por las cumbres y quebradas
detrás de las ovejas heridas.

Dijiste que los ricos ya tenían su dios
y que sólo los pobres ofrecen espacios
    libres al asombro;
para ellos será el sol y el reino,
el trigal y la cosecha.
¡Bienaventurados!

Es hora de alzar las tiendas y ponernos en camino
para detener la desdicha y el sollozo,
el llanto y las lágrimas,
para romper el metal de las cadenas
y sostener la dignidad combatiente,
que viene llegando, implacable, el amanecer
de la liberación
en que las espadas serán enterradas
en la tierra germinadora.

Son muchos los pobres, Señor; son legión.
Su clamor es sordo, creciente, impetuoso
y, en ocasiones, amenazante
como una tempestad que se acerca.

Danos, Señor Jesús, tu corazón sensible
    y arriesgado;
líbranos de la indiferencia y la pasividad;
haznos capaces de comprometernos
y de apostar, también nosotros,
    por los pobres y abandonados.

Es hora de recoger los estandartes
de la justicia y de la paz
y meternos hasta el fondo de las muchedumbres
entre tensiones y conflictos,
y desafiar al materialismo con
    soluciones alternativas.
Danos, oh Rey de los pobres
la sabiduría para tejer una única guirnalda
con esas dos rojas flores:
    contemplación y combate.
Y danos la corona de la Bienaventuranza. Amén.

59. Para servir

Oh Cristo, para poder servirte mejor
dame un noble corazón.
Un corazón fuerte
para aspirar por los altos ideales
y no por opciones mediocres.

Un corazón generoso en el trabajo,
viendo en él no una imposición
sino una misión que me confías.

Un corazón grande en el sufrimiento,
siendo valiente soldado ante mi propia cruz
y sensible cireneo para la cruz de los demás.

Un corazón grande para con el mundo,
siendo comprensivo con sus fragilidades
pero inmune a sus máximas y seducciones.

Un corazón grande con los hombres,
leal y atento para con todos
pero especialmente servicial y dedicado
a los pequeños y humildes.

Un corazón nunca centrado sobre mí,
siempre apoyado en ti,
feliz de servirte y servir a mis hermanos,
¡oh, mi Señor!
todos los días de mi vida. **Amén.**

VIII. MARIA

60. Señora del Silencio

Madre del Silencio y de la Humildad,
Tú vives perdida y encontrada
en el mar sin fondo del Misterio del Señor.

Eres disponibilidad y receptividad.
Eres fecundidad y plenitud.
Eres atención y solicitud por los hermanos.
Estás vestida de fortaleza.

En Ti resplandecen la madurez humana
y la elegancia espiritual.
Eres señora de Ti misma
antes de ser señora nuestra.

No existe dispersión en Ti.
En un acto simple y total,
tu alma, toda inmóvil,
está paralizada e identificada con el Señor.
Estás dentro de Dios y Dios dentro de Ti.
El Misterio Total te envuelve y te penetra,
te posee, ocupa e integra todo tu ser.

Parece que todo quedó paralizado en Ti,
todo se identificó contigo:
el tiempo, el espacio, la palabra,
la música, el silencio, la mujer, Dios.
Todo quedó asumido en Ti, y divinizado.

Jamás se vio estampa humana
de tanta dulzura,

ni se volverá a ver en la tierra
mujer tan inefablemente evocadora.

Sin embargo, tu silencio no es ausencia
sino presencia.
Estás abismada en el Señor,
y al mismo tiempo,
atenta a los hermanos, como en Caná.

Nunca la comunicación es tan profunda
como cuando no se dice nada,
y nunca el silencio es tan elocuente
como cuando nada se comunica.

Haznos comprender
que el silencio
no es desinterés por los hermanos
sino fuente de energía e irradiación;
no es repliegue sino despliegue,
y que, para derramarse,
es necesario cargarse.

El mundo se ahoga
en el mar de la dispersión,
y no es posible amar a los hermanos
con un corazón disperso.
Haznos comprender que el apostolado,
sin silencio,
es alienación;
y que el silencio,
sin el apostolado,
es comodidad.

Envuélvenos en el manto de tu silencio,
y comunícanos la fortaleza de tu Fe,
la altura de tu Esperanza,
y la profundidad de tu Amor.

Quédate con los que quedan,
y vente con los que nos vamos.

¡Oh Madre Admirable del Silencio!

61. Súplica en el cansancio

Madre, vengo del tumulto de la vida. El cansancio me invade todo el cuerpo y sobre todo el alma.

Es tan difícil aceptar con paz todo lo que sucede alrededor de uno durante una jornada de trabajo y lucha... Las cosas en las que habíamos depositado tanta ilusión, decepcionan. Las personas a las que queremos entregar bondad, nos rechazan. Y aquellas otras a las que acudimos en una necesidad, intentan sacar provecho.

Por eso vengo a Ti, oh Madre, porque dentro de mí camina un niño inseguro. Pero junto a Ti me siento fuerte y confiado. Sólo el pensar que tengo una madre como Tú, me da ánimo. Me siento apoyado en tu brazo y guiado por tu mano. De esta manera puedo, con tranquilidad, retomar el camino.

Renuévame por completo para que consiga ver lo hermoso de la vida. Levántame para que pueda caminar sin miedo. Dame tu mano para que acierte siempre con mi camino. Dame tu bendición, para que mi presencia sea, en medio del mundo, un signo de tu bendición. Amén.

62. Señora de la Pascua

Señora de la Pascua,
Señora del Viernes y del Domingo,
Señora de la noche y de la mañana,
Señora del silencio y de la cruz,
Señora del Amor y de la Entrega,
Señora de la palabra recibida
y de la palabra empeñada,
Señora de la paz y de la esperanza.

Señora de todas las partidas,
porque eres la Señora
del "tránsito" o la "pascua", ¡escúchanos!,
hoy queremos decirte "muchas gracias",
muchas gracias, Señora, por tu "Fiat",
por tu completa disponibilidad de esclava,
por tu pobreza y tu silencio,
por el gozo de tus siete espadas,
por el dolor de todas tus partidas
que fueron dando la paz a tantas almas.
Muchas gracias
por haberte quedado con nosotros
a pesar del tiempo y de las distancias.

Nuestra Señora de la Reconciliación,
imagen y principio de la Iglesia:
hoy dejamos en tu corazón
pobre, silencioso y disponible,
esta Iglesia peregrina de la Pascua.

Una Iglesia esencialmente misionera,
fermento y alma de la sociedad
en que vivimos,

una Iglesia profética que sea el anuncio
de que el Reino ha llegado ya.

Una Iglesia de auténticos testigos,
insertada en la historia de los hombres,
como presencia salvadora del Señor,
fuente de paz, de alegría y de esperanza. Amén.

---

63. Alabanza a Dios

Tú eres Santo, Señor Dios único,
que haces maravillas.
Tú eres fuerte, Tú eres grande,
Tú eres Altísimo.
Tú eres el Bien, todo Bien, Sumo Bien,
Señor Dios, vivo y verdadero.
Tú eres caridad y amor, Tú eres sabiduría.
Tú eres humildad, Tú eres paciencia,
Tú eres seguridad.
Tú eres quietud, Tú eres solaz,
Tú eres alegría.
Tú eres hermosura, Tú eres mansedumbre.
Tú eres nuestro protector,
guardián y defensor.
Tú eres nuestra fortaleza y esperanza.
Tú eres nuestra dulcedumbre.
Tú eres nuestra vida eterna,
grande y admirable, Señor.

64. Nuevo salmo de la creación
(Fragmentos)

Permite que te alabemos, oh Dios,
    en todos los mundos que creaste.

Permite que te alabemos
    en las alturas de los ángeles.

Permite que te alabemos
    en las profundidades
    del fuego crepitante de los astros.

Permite que te alabemos, oh Dios nuestro,
    al pie del ángel que cierra el infierno.

Permite que te alabemos, oh Dios,
    con las aves que gorjean,
    multicolores y ruidosas,
    que alegran la vista y el oído.

Permite que te alabemos, oh Dios,
    por los nidos de los árboles,
    donde las pequeñas aves levantan
    sus cuellos desplumados
    a la madre que les trae comida.

Permite que te alabemos, oh Dios,
    con las aves poderosas,
    que vuelan sobre las
    aguas del mar, y levantan
    el vuelo hasta los
    glaciares de nieves eternas.

Permite que te alabemos, oh Dios,
    por los animales de la tierra,

grandes y pequeños, llenos de ternura
o llenos de fuerza indomable.
No los saques de este mundo.
Déjalos vivir.
Y deja que vengan nuevas generaciones,
que, a su vez, te alaben.

Permite que te alabemos,
oh Dios Uno y Trino,
por los animales de la tierra.
Ellos son de pies ágiles,
y de bello aspecto.
No los dejes perecer
por causa de los animales
grandes y poderosos, que lo pisotean todo.
Pero también el animal grande
tiene un corazón,
y unos hijos pequeños que defender.

Permite que te alabemos
en toda la redondez de la tierra,
por todo lo que vuela y corre,
nada y se eleva desde las profundidades.

Todo es tu propiedad:
en todas partes está tu dedo,
que derrama belleza
en las plumas multicolores,
pone fuerza en las alas
y en sus fuertes garras.

En todas partes está tu Amor,
inescrutable e insondable.
En todas partes nacen animales pequeños,
inermes y ciegos,
que buscan leche junto a la madre.

Bendito seas, Dios Uno y Trino,
 por las admirables rocas
 de las montañas y de los glaciares.

Bendito seas por las cascadas
 y ríos caudalosos,
 por las aguas quietas,
 profundas y silenciosas.
 Con mucho cariño seas alabado
 por las pequeñas fuentes
 que dan agua para que vivan los peces.

Alabado seas, mi Dios,
 por las tempestades
 sobre la tierra y el mar,
 por las tempestades de arena
 sobre los desiertos.

Alabado seas, oh Dios glorioso,
 por el esplendor de millares
 de flores perfumadas, de lindas formas;
 jamás cesa esta floración
 y nunca será aniquilada.
 Y aunque Tú envíes una devastación
 sobre un país, no durará mucho;
 e irrumpe una nueva primavera;
 y una nueva magnificencia
 reina sobre toda la tierra.

Permite que te alabemos, oh Dios,
 por tus ángeles.
 Son poderosos y de aspecto admirable.
 Son servidores de tu voluntad,
 luchadores por tu Palabra,
 y humildemente se someten a tus órdenes.

Prodigioso y eterno es tu santo deseo,
   de elevar, más y más, al hombre.
   Y aunque él caiga,
   si se arrodilla ante Ti
   como un hijo pródigo,
   te inclinas sobre él
   con paciencia y bondad,
   diciendo: Ven, hijo,
   vuelve a la inocencia original,
   y yo te acogeré como un padre a su hijo.

Tu paciencia con los hombres
   es inmensamente grande,
   oh Dios Eterno y Admirable.

Sin embargo, el hombre no la ve;
   e invade los campos, pisotea las flores,
   caza las aves y destruye sus nidos.

Un hombre lucha contra otro,
   y lo somete a la esclavitud
   y lo mete en prisión,
   y lo condena a muerte.

Nadie tiene tanta paciencia como Tú,
   oh mi Dios, y nunca cesará en la tierra
   la alabanza inmortal, por Ti.
   Permite que te adoremos
   por una eternidad sin fin.
   Haz que sobre la tierra
   haya loor y alabanza.
   Hasta donde alcanza nuestra vista,
   todo es tuyo, todo es tu propiedad,
   tu mano se posa sobre todas las criaturas.

Seas glorificado y alabado,
oh Dios, Tres Veces Santo,
en cada corazón que creaste para tu gloria.
Tú quieres estar eternamente con nosotros,
oh Dios, Tres Veces Santo,
> Tú, Tres Veces Santo, Admirable,
> Tú, nuestra Bienaventuranza,
> oh Tres Veces Santo,
> Tres Veces Admirable,
> Tres Veces Divino, Inefable Dios. Amén.

65. Cara a cara

Día tras día, Señor de mi vida,
quede delante de Ti,
cara a cara.
De manos juntas, quedaré delante de Ti,
Señor de todos los mundos,
cara a cara.

En este mundo que es tuyo,
en medio de las fatigas,
del tumulto, de las luchas,
de la multitud agitada,
he de mantenerme delante de Ti,
cara a cara.

Y, cuando mi tarea en este mundo
estuviere acabada,
oh Rey de Reyes, solo y en silencio,
permaneceré delante de Ti,
cara a cara. Amén.

CANTOS

1. Ven, Espíritu Santo

Ven, Espíritu Santo Creador,
a visitar nuestro corazón,
repleta con tu gracia viva y celestial,
nuestras almas que Tú creaste por amor.

Tú que eres llamado Consolador,
don del Dios Altísimo y Señor,
vertiente viva, fuego, que es la caridad,
y también espiritual y divina unción.

En cada sacramento te nos das,
dedo de la diestra paternal.
Eres Tú la promesa que el Padre nos dio,
con tu palabra enriqueces nuestro cantar.

Nuestros sentidos has de iluminar,
los corazones enamorar,
y nuestro cuerpo, presa de la tentación,
con tu fuerza continua has de afirmar.

Lejos al enemigo rechazad,
tu paz danos pronto, sin tardar,
y siendo Tú nuestro buen guía y conductor,
evitemos así toda sombra de mal.

Concédenos al Padre conocer,
a Jesús, su hijo comprender,
y a ti, Espíritu de ambos por amor,
te creamos con ardiente y sólida fe.

Al Padre demos gloria, pues es Dios,
a su Hijo que resucitó,
y también al Espíritu Consolador
por todos los siglos de los siglos, honor.
Amén.

2. Gratitud

Te agradezco, Señor,
por ser mi amigo,
porque siempre conmigo,
cantando estás.
El perfume de flores,
armoniosos colores,
y el mar que murmura,
tu nombre invocan.

Escondido Tú estás
entre verdes montañas,
entre campos en fiesta,
en el sol a brillar.
En la sombra que abriga,
en la brisa amiga,
y en la fuente que corre,
ligera y cantando.

Te agradezco también
porque en la alegría,
y en el dolor, cada día
te puedo encontrar.
Cuando el dolor me consume
murmuro tu nombre,
y aunque sufriendo,
yo puedo cantar.

Te agradezco, Señor. *(tres veces)*

3. Ofrenda

Padre, yo te adoro,
yo te ofrezco mi alma y vida,
¡cómo te amo!

Jesucristo...
Espíritu Santo...
Trinidad Santa...

4. Himno matutino

Creador sempiterno de las cosas
que diriges el curso de los tiempos,
Tú restauras la fuerza de la tierra
alternando los días y las noches.

Ya pregona la aurora vigilante
la llegada feliz del nuevo día,
presurosos salgamos a su encuentro,
emprendamos alegres la mañana.

Pon tus ojos, Jesús, sobre nosotros,
no nos cubra la noche del pecado,
a tu luz las tinieblas se iluminan,
las maldades en llanto se desatan.

Enardece, Señor, los corazones,
multiplica el anhelo de las almas,
suba a Ti como ofrenda mañanera
la oración y los cantos de tus siervos.

Bendición, alabanza y poderío
a Dios Padre y al Hijo, luz del mundo,

en unión del Espíritu divino
desde siempre, por siempre y para siempre.
Amén.

5. Tú eres el Bien

TU ERES EL BIEN, TODO BIEN,
SUMO BIEN,
SEÑOR DIOS, VIVO Y VERDADERO.

Tú eres fuerte, Tú eres grande,
Tú eres Dios Altísimo,
Tú eres santo, Señor Dios único
que haces maravillas.

Tú eres humildad, Tú eres paciencia,
Tú eres seguridad,
Tú eres caridad y amor, Tú eres sabiduría.

Tú eres nuestra vida eterna,
grande y admirable Señor.
Tú eres nuestra dulzura.

6. Salmo 8

SEÑOR DIOS NUESTRO,
QUE ADMIRABLE
ES TU NOMBRE EN TODA LA TIERRA.
(bis)

Cuando contemplo el cielo,
obra de tus dedos,
la luna y las estrellas que has creado,

¿qué es el hombre para que te acuerdes de él,
el ser humano para darle poder?

Lo hiciste poco inferior a los ángeles,
lo coronaste de gloria y dignidad,
le diste el mando
sobre las obras de tus manos,
todo lo sometiste bajo sus pies.

Rebaños de ovejas y toros,
y hasta las bestias del campo,
las aves del cielo, los peces del mar,
todo lo sometiste bajo sus pies.

7. Esperanza

Si siembras paz y amor por las montañas,
por las calles, por las casas,
no tengas miedo.

Tu noche una luz encenderá:
la esperanza;
las gentes en luz caminarán
no habrá sombras, ni ansiedades.
       ESTOY CONTIGO.

Si la paz cae deshecha a tus pies
no te asustes, vuelve a comenzar.
No tengas miedo.

Al cuerpo de la tierra entregarás:
flor de trigo; *(bis)*
y a las bocas de hambre anunciarás:
pan de paz. *(bis)*
       ESTOY CONTIGO.

8. Creo

Creo, aunque todo te oculte a mi fe.
Creo, aunque todo me diga que no.
Porque he basado mi fe
en un Dios inmutable,
en un Dios que no cambia,
en un Dios que es Amor.

Creo, aunque todo subleve mi ser.
Creo, aunque sienta muy solo el dolor.
Porque he fundado mi vida
en palabra sincera,
en palabra de amigo,
en palabra de Dios.

Creo, aunque todo parezca morir.
Creo, aunque ya no quisiera vivir.
Porque el cristiano que tiene
a Dios por amigo, no vacila en la duda,
se mantiene en la fe.

Creo, aunque veo a los hombres odiar.
Creo, aunque veo a los niños llorar.
Porque aprendí con certeza que El
sale al encuentro
en las horas más duras, con su amor
y su luz.

CREO, PERO AUMENTA MI FE.

9. Padre

SABER QUE SOY TU HIJO, SEÑOR,
ALEGRA MI CORAZON.
TU HIJO SOY, OH SEÑOR.

Señor, como un niño pequeño
tomado de la mano,
camino feliz.
Ni la noche ni el frío temo.
Tú eres mi Padre bueno
que velas por mí.

Señor, llévame a tu casa,
me hablaron mucho de ella,
yo quisiera ir;
que no me falte la esperanza,
el camino es largo,
me pierdo sin Ti.

Señor, que plantas los rosales
y cuidas las estrellas,
forjas el amor.
Acúname en tu regazo
mientras sueño alegre
que mi Padre es Dios.

10. Pescador

Pescador que al pasar por la orilla del lago,
me viste secando mis redes al sol.
Tu mirar se cruzó con mis ojos cansados
y entraste en mi vida, buscando mi amor.

PESCADOR, EN MIS MANOS
HAS PUESTO OTRAS REDES
QUE PUEDEN GANARTE
LA PESCA MEJOR,
Y AL LLEVARME CONTIGO
EN LA BARCA,
ME NOMBRASTE, SEÑOR, PESCADOR.

Pescador, entre tantos que había en la playa,
tus ojos me vieron. Tu boca me habló.
Y a pesar de sentirse mi cuerpo cansado,
mis pies en la arena siguieron tu voz.

Pescador, mi trabajo de toda la noche,
mi dura faena hoy nada encontró.
Pero Tú, que conoces los mares profundos,
compensa, si quieres, mi triste labor.

11. Tómame

Mi Dios, atráeme hacia Ti,
tómame todo en Ti,
transforma en Ti todo mi ser,
vísteme de tu luz.

Eres mi sol y mi calor,
esplendor, fiesta y paz.
Te busco y llamo sin cesar
por la fe en la oscuridad.

Señor, yo me abandono a Ti,
sólo en Ti, todo a Ti,
cual niño puro quiero ser
y vivir siempre así.

12. Instrumento de tu Paz

Hazme un instrumento de tu Paz;
donde haya odio, lleve yo tu amor,
donde haya injuria, tu perdón, Señor,
donde haya duda, fe en Ti.

MAESTRO, AYUDAME A NUNCA BUSCAR
QUERER SER CONSOLADO
COMO CONSOLAR,
SER COMPRENDIDO COMO COMPRENDER,
SER AMADO COMO YO AMAR.

Hazme un instrumento de tu Paz:
que lleve tu esperanza por doquier,
donde haya oscuridad, lleve tu luz,
donde haya pena, tu gozo, Señor.

Hazme un instrumento de tu Paz:
es perdonando que nos das perdón;
es dando a todos que Tú te nos das;
muriendo es que volvemos a nacer.

13. Salmo 15

TU ERES MI SEÑOR,
NINGUN BIEN TENGO SIN TI.
TU ERES MI SEÑOR,
NO HAY FELICIDAD FUERA DE TI.

El Señor es la porción de mi herencia.
Tú eres quien guarda mi suerte;
cayeron mis cordeles en parajes amenos
y me encanta mi heredad.

Bendigo al Señor que me aconseja,
aun de noche me instruye.
Tengo siempre a Yavé ante mis ojos
pues con El no vacilo.

Por eso mi corazón se alegra,
en Ti descansa seguro.
Me enseñarás el camino de la vida,
a tu derecha, delicias por siempre.

14. Hoy he vuelto

Cuántas veces siendo niño te recé,
con mis besos te decía que te amaba,
poco a poco, con el tiempo, alejándome de Ti,
por caminos que se alejan me perdí. *(bis)*

Hoy he vuelto, Madre, a recordar
cuantas cosas dije ante tu altar,
y al rezarte, puedo comprender
que una madre no se cansa de esperar. (bis)

Al regreso, me encendías una luz,
sonriendo desde lejos me esperabas
en la mesa la comida aún caliente y el mantel
y tu abrazo en mi alegría de volver. *(bis)*

15. Yo quiero ser

Yo quiero ser, Señor amado,
como barro del alfarero.
Rompe mi vida, hazme de nuevo,
yo quiero ser un vaso nuevo.

16. Canto penitencial

SIN TI NO SE ANDAR,
SIN TI NO SE VIVIR.
SEÑOR, YO QUIERO ESTAR
UNIDO SIEMPRE A TI.

Vivo en la angustia,
lleno de inquietud.
Mi culpa confesé ante Ti.
Hoy te suplico con confianza y paz
misericordia y perdón.

Con mi pecado me aparté de Ti
y tu presencia se ocultó.
En mi camino no descansaré
hasta que tenga tu perdón.

Tú me has llamado, para hacer de mí
miembro de nueva humanidad.
Busco un camino que me lleve a Ti,
busco tu Rostro, oh Señor.

17. Salmo 63

TODA MI VIDA TE BENDECIRE
Y ALZARE LAS MANOS INVOCANDOTE,
    ALELUYA.

Oh Dios, Tú eres mi Dios, por Ti madrugo;
mi alma tiene sed de Ti;
mi carne siente ansia por Ti,
como tierra reseca, agostada, sin agua.

¡Cómo te contemplaba en el santuario
viendo tu fuerza y tu gloria!
Tu gracia vale más que la vida,
te alabarán mis labios.

En el lecho me acuerdo de Ti,
y velando medito en Ti,
porque fuiste mi auxilio,
y a la sombra de tus alas canto con júbilo.

18. Salmo 89

CANTARE ETERNAMENTE
LAS MISERICORDIAS DEL SEÑOR,
ANUNCIARE TU FIDELIDAD
POR TODAS LAS EDADES.

Tuyo es el cielo, tuya es la tierra,
Tú cimentaste el orbe y cuanto contiene;
Tú has creado el norte y el sur,
el Tabor y el Hermón aclaman tu Nombre.

Dichoso el pueblo que sabe aclamarte;
camina, oh Señor, a la luz de tu Rostro;
tu Nombre es su gozo cada día,
tu justicia es su orgullo.

Porque Tú eres su honor y su fuerza,
y con tu favor realzas nuestro poder,
porque el Señor es nuestro escudo,
y el Santo de Israel nuestro rey.

19. ¡Qué mañana de luz!

¡Qué mañana de luz, recién amanecida!
Resucitó Jesús y nos llama a la vida.

Despertad, es hora de nacer, es hora de vivir
la vida nueva, la gracia del Señor.
No lloréis, en la boca un cantar
y un puesto para el gozo y la esperanza
en cada corazón.

Caminad al viento de la fe, sembrando de ilusión
vuestro sendero: viviendo del amor.
No temáis: que Cristo nos salvó;
la muerte ya no hiere a sus amigos,
Jesús resucitó.

PARA ORAR

I. EJERCICIOS PREVIOS

Mucha gente no avanza en la oración por descuidar la preparación previa.

Hay veces en que, al querer orar, te encontrarás sereno. En este caso no necesitas ningún ejercicio previo. Sin más, concéntrate, invoca al Espíritu Santo, y ora.

Otras veces, al inicio de la oración, te sentirás tan agitado y dispersivo que, si no calmas previamente los nervios, no conseguirás ningún fruto.

Puede suceder otra cosa: después de muchos minutos de sabrosa oración, de pronto te das cuenta que tu interior se está poblando de tensiones y preocupaciones. Si en ese momento no echas mano de algún ejercicio de relajación, no solamente perderás el tiempo sino que te resultará un momento desapacible y contraproducente.

Te entrego, pues, unos cuantos ejercicios muy simples. De ti depende cuáles, cuándo, cuánto tiempo y de qué manera utilizarlos, según necesidades y circunstancias.

Siempre que te pongas a orar, toma una posición corporal correcta —cabeza y tronco erguidos—. Asegura una buena respiración. Relaja tensiones y nervios, suelta recuerdos e imágenes, haz vacío y silencio. Concéntrate. Ponte en la presencia divina, invoca al Espíritu Santo y comienza a orar. Son suficientes cuatro o cinco minutos. Esto, cuando estés normalmente sereno.

Relajación corporal. Tranquilo, concentrado, suelta uno por uno los brazos y piernas (como estirando, apretando y soltando músculos) sintiendo cómo se liberan las energías. Suelta los hombros de la misma manera. Suelta los músculos faciales y los de la frente. Afloja los ojos (cerrados). Suelta los músculos-nervios del cuello y de la nuca balanceando la cabeza hacia adelante y hacia atrás, y girándola en todas direcciones, con tranquilidad y concentración, sintiendo cómo se relajan músculos-nervios. Unos diez minutos.

Relajación mental. Muy tranquilo y concentrado, comienza a repetir la palabra *"paz"* en voz suave (a ser posible en la fase espiratoria de la respiración) sintiendo cómo la sensación sedante de paz va inundando primero el cerebro (unos minutos sentir cómo se suelta el cerebro); y después recorre ordenadamente todo el organismo en cuanto vas pronunciando la palabra *"paz"* y vas inundando todo de una sensación deliciosa y profunda de paz.

Después, haz ese mismo ejercicio y de la misma manera con la palabra *"nada",* sintiendo la sensación de *vacío-nada,* comenzando por el cerebro y siguiendo por todo el organismo hasta sentir una sensación general de descanso y silencio. De diez a quince minutos.

Concentración. Con tranquilidad, percibe (simplemente sentir y seguir sin pensar nada) el movimiento pulmonar, muy concentrado. Unos cinco minutos.

Después, ponte tranquilo, quieto y atento; capta y suelta todos los ruidos lejanos, próximos, fuertes o suaves. Unos cinco minutos.

Después, con mayor quietud y atención, capta en alguna parte del cuerpo los latidos cardíacos, y quédate muy concentrado en ese punto, simplemente sintiendo los latidos, sin pensar nada. Unos cinco minutos.

Respiración. Ponte tranquilo y relajado. Siguiendo lo que haces con tu atención, inspira por la nariz lentamente hasta llenar bien los pulmones, y espira por la boca entreabierta y la nariz hasta expulsar completamente el aire. En suma: una respiración tranquila, lenta y profunda.

La respiración más relajante es la abdominal: se llenan los pulmones al mismo tiempo que se llena (se hincha) el abdomen; se vacían los pulmones, y al mismo tiempo se vacía (de deshincha) el abdomen. Todo simultáneo. No fuerces nada: al principio, unas diez respiraciones. Con el tiempo pueden ir aumentando.

Te repito: como adulto que eres, debes utilizar estos ejercicios con libertad y flexibilidad en cuanto al tiempo, oportunidad, etc.

Al principio, quizás, no sentirás efectos sensibles. Paulatinamente irás mejorando. Habrá veces en que los efectos serán sorprendentemente positivos. Otras veces, lo contrario. Así de imprevisible es la naturaleza.

Hay quienes dicen: la oración es gracia; y no depende de métodos ni de ejercicios. Decir eso es un grave error. La vida con Dios es una convergencia entre la gracia y la naturaleza. La oración es gracia, sí; pero también es arte, y como arte exige aprendizaje, método y pedagogía. Si mucha gente queda estancada en una mediocridad espiritual no es porque falle la gracia sino por falta de orden, disciplina y paciencia; en suma. porque falla la naturaleza.

II. ORIENTACIONES PRACTICAS

1. Cuando, al orar, sientas sueño, ponte de pie, cuerpo recto y los talones juntos.

2. Cuando sientas sequedad o aridez, piensa que puede tratarse de pruebas divinas o emergencias de la naturaleza. No hagas violencia para "sentir". Hazte acompañar por los tres ángeles: *paciencia:* acepta con paz lo que tú no puedas solucionar. *Perseverancia:* sigue orando aunque no sientas nada. *Esperanza:* todo pasará; mañana será mejor.

3. Nunca olvides que la vida con Dios es *vida de fe.* Y la fe no es sentir sino *saber.* No es emoción sino convicción. No es evidencia sino certeza.

4. Para orar necesitas método, orden, disciplina, pero también flexibilidad, porque el Espíritu Santo puede soplar en el momento menos pensado. La gente se estanca en la oración por falta de método. El que ora de cualquier manera llega a ser cualquier cosa.

5. Ilusión, no; esperanza, sí. La ilusión se desvanece; la esperanza permanece. Esfuerzo, sí; violencia, no. Una fuerte agitación por sentir devoción sensible produce fatiga mental y desaliento.

6. Piensa que Dios es gratuidad. Por eso su pedagogía para con nosotros es desconcertante; debido a eso, en la oración no hay lógica humana: a tales esfuerzos, tales resultados; a tanta acción, tanta reacción; a tal causa, tal efecto. Al contrario, normalmente no habrá proporción entre tus esfuerzos en la oración y los "resultados". Sabe que la cosa es así, y acéptala con paz.

7. La oración es relación con Dios. Relación es movimiento de las energías mentales, un movimiento de adhesión a Dios. Es, pues, normal que se produzca en el alma emoción o entusiasmo. Pero, ¡cuidado!, es imprescindible que ese estado emotivo quede controlado por el sosiego y la serenidad.

8. La visitación divina, durante la actividad orante, puede producirse en cualquier momento: al comienzo, en medio, al fin; en todo tiempo o en ningún momento. En este último caso, ten cuidado de no dejarte llevar por el desaliento y la impaciencia. Al contrario, relaja los nervios, abandónate, y continúa orando.

9. Te quejas: rezo pero no se nota en mi vida. Para derivar la fuerza de la oración en la vida, *primero:* sintetiza la oración de la mañana en una frase simple (por ejemplo: "¿Qué haría Jesús en mi lugar?"), y recuérdatela en cada nueva circunstancia del día. Y *segundo:* cuando llegue una contrariedad o prueba fuerte, despierta y toma conciencia de que tienes que sentir, reaccionar y actuar como Jesús.

10. No pretendas cambiar tu vida; te basta con mejorar. No busques ser humilde; te basta con hacer actos de humildad. No pretendas ser virtuoso; te basta con hacer actos de virtud. Ser virtuoso significa actuar como Jesús.

Con las recaídas no te asustes. Recaída significa actuar según tus rasgos negativos. Cuando estés descuidado o desprevenido, vas a reaccionar según tus impulsos negativos. Es normal. Ten paciencia. Cuando llegue la ocasión, procura no estar desprevenido, sino despierto, y trata de actuar según los impulsos de Jesús.

11. Toma conciencia de que puedes muy poco. Te lo digo para animarte, para que no te desanimes cuando lleguen las recaídas. Piensa que el crecimiento en Dios es sumamente lento y lleno de contramarchas. Acepta con paz estos hechos. Después de cada recaída, levántate y anda.

12. La santidad consiste en estar con el Señor, y de tanto estar, su figura se graba en el alma; y luego en caminar a la luz de esa figura. En eso consiste la santidad.

13. Para dar los primeros pasos en el trato con Dios, puedes utilizar aquellas modalidades que, para caminar, ofrecen apoyo: los números 1, 2, 3.

En los peores momentos de dispersión o aridez, no pierdas el tiempo; siempre podrás orar con las modalidades *oración escrita, oración auditiva y lectura rezada*.

III. MODALIDADES

1. Lectura rezada

Se toma una oración escrita, por ejemplo un salmo u otra oración cualquiera. Atención, pues; no se trata de leer un capítulo de la Biblia o un tema de reflexión, sino de una oración.

Tomar posición exterior y actitud interior orantes. Sosegarse e invocar al Espíritu Santo.

Comienza a leer despacio la oración. Muy despacio. Al leerla, trata de *vivenciar* lo que lees. Quiero decir, trata de *asumir* aquello, decirlo con "toda el alma", haciendo "tuyas" las frases leídas, identificando tu atención con el contenido o significado de las frases.

Si te encuentras con una expresión que "te dice" mucho, parar ahí mismo. Repetirla muchas veces, uniéndote mediante ella al Señor, hasta agotar la riqueza de la frase, o hasta que su contenido inunde tu alma. Piensa que Dios es como la Otra Orilla; para ligarnos con esa Orilla no necesitamos de muchos puentes; basta un solo puente, una sola frase para mantenernos enlazados.

Si no sucede esto, proseguir leyendo muy despacio, asumiendo y cordializando el significado de lo que lees. Parar de vez en cuando. Volver atrás para repetir y revivir las expresiones más significantes.

Si en un momento dado te parece que puedes abandonar el apoyo de la lectura, deja a un lado la oración escrita y permite al Espíritu Santo manifestarse dentro de ti con expresiones espontáneas e inspiradas.

Esta modalidad, fácil y eficaz siempre, ayuda de manera particular para dar los primeros pasos, para las épocas de sequedad o aridez, o simplemente en los días en que a uno no le sale nada por la dispersión mental o la agitación de la vida.

2. Lectura meditada

Es necesario escoger un libro cuidadosamente seleccionado, que no disperse sino que concentre, y de preferencia absoluta la Biblia. Es conveniente tener conocimiento personal sobre ella sabiendo dónde están los temas que a ti te dicen mucho; por ejemplo, sobre la consolación, la esperanza, la paciencia... para escoger aquella materia que tu alma necesita en ese día. También se puede seguir el orden litúrgico, mediante los textos que la liturgia señala para cada día.

En principio no es recomendable el sistema de abrir al azar la Biblia, aunque sí alguna vez. En todo caso, es conveniente saber, antes de iniciar la lectura meditada, qué temas vas a meditar y en qué capítulo de la Biblia.

Toma la posición adecuada. Pide la asistencia al Espíritu Santo y sosiégate.

Comienza a leer despacio, muy despacio. En cuanto leas, trata de *entender* lo leído: el significado directo de la frase, su contexto, y la intención del autor sagrado. Aquí está la diferencia entre la lectura rezada y la lectura meditada: en la lectura rezada se *asume* y *se vive* lo leído (fundamentalmente es tarea del corazón) y en la lectura meditada se trata de *entender* lo leído (actividad intelectual, principalmente, en que se manejan conceptos explicitándolos, aplicándolos, confrontándolos para profundizar en la vida divina, formar criterios de vida, juicios de valor; en suma, una mentalidad cristiana).

Sigue leyendo despacio, entendiendo lo que lees.

Si aparece alguna idea que te llama fuertemente la atención, para ahí mismo; cierra el libro; da muchas vueltas en tu mente a esa idea, ponderándola; aplícala a tu vida; saca conclusiones.

Si no sucede esto (o después que sucedió), continúa con una lectura reposada, concentrada, tranquila.

Si aparece un párrafo que no entiendes, vuelve atrás; haz una amplia relectura para colocarte en el contexto; y trata de entenderlo en éste.

Prosigue leyendo lenta y atentamente.

Si en un momento dado se conmueve tu corazón y sientes ganas de alabar, agradecer, suplicar... hazlo libremente.

Si no sucede esto, prosigue leyendo lentamente, entendiendo y ponderando lo que lees.

Es normal y conveniente que la lectura meditada acabe en oración. Procura, también tú, hacerlo así.

Es de desear que la lectura meditada se concretice en criterios prácticos de vida, para ser aplicados en el programa del día.

Es de aconsejar absolutamente que durante la meditación se tenga siempre en la mano un libro, sobre todo la Biblia. De otra manera se pierde mucho tiempo. No es necesario leer todo el rato. Santa Teresa, durante catorce años, era una nulidad para meditar, si no tenía libro en mano.

3. Pequeña pedagogía para meditar y vivir la Palabra

1. Hacer una lectura lenta, muy lenta, con pausas frecuentes.
2. El alma vacía, abierta y serenamente expectante.
3. Lectura desinteresada: no buscando algo, como doctrina, verdades...
4. Leer "escuchando" (al Señor) de alma a alma, de persona a persona, atentamente, pero con una atención "pasiva", sin ansiedad.
5. No esforzarse por *entender* intelectualmente ni literalmente, no preocuparse de "qué quiere decir *esto*" sino preguntarse "qué me está diciendo Dios con esto", no estancarse en frases sueltas que, acaso, no se entienden sino

dejarlas sin preocuparse de entender literalmente todo.

6. Las expresiones que le han conmovido mucho, subrayarlas con un lápiz y colocar al margen una palabra que sintetice aquella impresión fuerte.

7. Retirar el nombre propio que aparece (por ejemplo, Israel, Jacob, Samuel, Moisés, Timoteo...) y sustituirlo por su propio nombre personal, y sentir que Dios lo llama por su nombre.

8. Si la lectura no le "dice" nada, quedarse tranquilo y en paz; podría ser que la misma lectura otro día le "diga" mucho; por detrás de nuestro trabajo está, o no está, la gracia; la "hora" de Dios no es nuestra hora: tener siempre mucha paciencia en las cosas de Dios.

9. No luchar por atrapar y poseer exactamente el significado doctrinal de la Palabra sino más bien meditarla como María, darle vueltas en la mente y en el corazón, dejándose llenar e impregnar de las vibraciones y resonancias del corazón de Dios, y "conservar" la Palabra, es decir, que esas resonancias sigan resonando a lo largo del día.

10. En los salmos, "imaginar" qué sentiría Jesús (o María) al pronunciar las mismas palabras; colocarse mentalmente en el corazón de Jesucristo y desde ahí dirigir a Dios esas palabras, "en lugar de Jesús", rezarlas en su espíritu, con su disposición interior, con sus sentimientos.

11. Ocuparse con frecuencia en aplicar a la vida la Palabra meditada: reflexionar en qué sentido y circunstancias los criterios encerrados en la Palabra (la *mente* de Dios) deben influir y alterar nuestro modo de pensar y actuar, porque la Palabra debe interpelar y cuestionar la vida del creyente; de esta manera los criterios de Dios llegarán a ser nuestros criterios hasta transformarnos en verdaderos discípulos del Señor.
12. En suma: leer, saborear, rumiar, meditar, aplicar.

4. Ejercicio auditivo

Tomar una expresión fuerte que te llene el alma (por ejemplo "mi Dios y mi Todo") o simplemente una palabra (por ejemplo "Jesús", "Señor", "Padre").

Comienza a pronunciarla, con sosiego y concentración, en voz suave, cada diez o quince segundos.

Al pronunciarla, trata de asumir vivencialmente el contenido de la palabra pronunciada. Toma conciencia de que tal contenido es el Señor mismo.

Comienza a percibir cómo la "presencia" o "Sustancia", encerrada en esa expresión va lenta y suavemente inundando tu ser entero, impregnando tus energías mentales.

Ve distanciando poco a poco la repetición, dando lugar, cada vez más, al silencio.

Siempre debes pronunciar la misma expresión.

Variante: Cuando aspiramos, el cuerpo queda tenso, porque se inflan los pulmones. Al contrario, cuando espiramos (expulsamos el aire de los pulmones) el cuerpo se relaja, se afloja.

En esta variante aprovechamos la fase de la espiración (momento natural de descanso) para pronunciar esas expresiones. De esta manera, el cuerpo y el alma entran en una combinación armónica. La concentración es más fácil porque la respiración y la irrigación son excelentes. Y así, los resultados son sumamente benéficos tanto para el alma como para el cuerpo.

5. Oración escrita

Se trata de escribir aquello que el orante quisiera decir al Señor.

Para momentos de emergencia puede resultar la única manera de orar; en tiempos de suma aridez o de aguda dispersión, o en los días en que uno se siente despedazado por graves disgustos.

Tiene la ventaja de concentrar mucho la atención; y la ventaja también de que puede servirme para orar tiempos más tarde.

6. Ejercicio visual

Se toma una estampa expresiva, por ejemplo una imagen de Jesús o de María u otro motivo, estampa que exprese fuertes impresiones, como paz, mansedumbre, fortaleza... Lo importante es que a mí me diga mucho.

Toma la estampa en la mano y, después de sosegarte e invocar al Espíritu Santo, quédate quieto mirando simplemente la estampa, en su globalidad, en sus detalles.

En segundo lugar, capta como intuitivamente, con concentración y serenidad las impresiones que esa imagen evoca para ti. Qué te dice a ti esa figura.

En tercer lugar, con suma tranquilidad trasladarme mentalmente a esa imagen, como si yo fuera esa imagen, o me pusiera yo en el interior de ella. Y, reverente y quieto, hacer "mías" las impresiones que la figura despierta para mí. Y así identificado yo mentalmente con esa figura, permanecer largo rato, impregnada toda mi alma con los sentimientos de Jesús que la estampa expresa. Es así como el alma se reviste de la figura de Jesús y participa de su disposición interior.

Finalmente, en este clima interior, trasladarme mentalmente a la vida, imaginar situaciones difíciles y superarlas con los sentimientos de Jesús. Y así ser fotografía de Jesús en el mundo.

Esta modalidad se presta especialmente para personas que tienen facilidad imaginativa.

7. Oración de abandono

Es la oración (y actitud) más genuinamente evangélica. La más libertadora. La más pacificadora. No hay anestesia que tanto suavice las penas de la vida como un "yo me abandono en Ti".

Se aconseja aprender de memoria la oración número 33 de este librito para rezarla al estilo del *Padre nuestro* cuando uno se topa a cada paso con grandes o pequeñas contrariedades.

Ponte en la presencia del Padre, que dispone o permite todo, en actitud de entrega. Puedes utilizar como fórmula la oración número 33, u otra fórmula más simple como: *hágase tu voluntad* o también *en tus manos me entrego*.

Como disposición incondicional, debes reducir a silencio la mente que tiende a rebelarse. El abandono es un homenaje de silencio en la fe.

Vete depositando, pues, en silencio y paz, con una fórmula, todo aquello que te disguste: tus progenitores, aspectos de tu figura física, las enfermedades, la ancianidad, las impotencias y limitaciones, los rasgos negativos de tu personalidad, personas próximas que te desagradan, historias dolientes, memorias dolorosas, fracasos, equivocaciones...

Puede ser que, al recordarlos, te duelan. Pero, al depositarlos en las manos del Padre, te visitará la paz.

8. Ejercicio de acogida

Así como en el ejercicio *Salida y quietud*, el "yo" sale y se fija en el TU, en este ejercicio de *acogida*, yo permanezco quieto y receptivo, y el TU sale hacia mí y yo acojo, gozoso, su llegada. Es conveniente efectuar este ejercicio con Jesús resucitado.

Utilizamos el verbo *sentir*. Sentir no en el sentido de emocionarse, sino de *percibir*. Se pueden sentir tantas cosas sin emocionarse. Siento que el suelo está frío, siento que la cabeza me duele, siento que hace calor, siento tristeza.

Ayúdate de ciertas expresiones (que al final indicaré), comienza a acoger, en la fe, a Jesús resucitado y resucitador que llega a ti. Deja que el espíritu de Jesús entre e inunde todo tu ser. Siente que la presencia resucitada de Jesús llega hasta los últimos rincones de tu alma mientras vas pronunciando las expresiones. Siente cómo esa Presencia toma plena posesión de lo que eres, de lo que piensas, de lo que haces; cómo Jesús asume lo más íntimo de tu corazón. En la fe, acógelo sin reservas, gozosamente.

En la fe, siente cómo Jesús toca esa herida que te duele; cómo Jesús saca la espina de esa angustia que te oprime; cómo te alivia esos temores, te libera de aquellos rencores. Hay que tomar conciencia de que esas sensaciones generalmente se sienten en la boca del estómago como espadas que punzan. Por eso se habla de la espada del dolor.

Luego salta a la vida. Acompañado de Jesús y revestido de su figura, haz un paseo por los lugares donde vives o trabajas. Preséntate ante aquella persona con quien tienes conflictos. Imagínate cómo la miraría Jesús. Mírala con los ojos de Jesús. Cómo sería la serenidad de Jesús si tuviera que enfrentarse con aquel conflicto, afrontar esta situación, qué diría a esta persona, cómo serviría en aquella necesidad. Imagina toda clase de situaciones, aun las más difíciles, y déjale a Jesús actuar a través de ti: mira por los ojos de Jesús, habla por su boca, que su semblante aparezca por tu semblante. No seas tú quien viva en ti sino Jesús.

Es un ejercicio transformante o cristificante.

Toma una posición orante. Igual que en el ejercicio Salida y quietud, después de pronunciar y vivir la frase quédate un tiempo quieto y en silencio, permitiendo que la vida de la frase resuene y llene el ámbito de tu alma.

Jesús, entra dentro de mí.
Toma posesión de todo mi ser.
Tómame con todo lo que soy.
lo que pienso, lo que hago.

Toma lo más íntimo de mi corazón.
Cúrame esta herida que tanto me duele.
Sácame la espina de esta angustia.
Retira de mí estos temores,
rencores, tentaciones...

Jesús, ¿qué quieres de mí?
¿Cómo mirarías a aquella persona?

¿Cuál sería tu actitud en aquella dificultad?
¿Cómo te comportarías en aquella situación?
Los que me ven, te vean, Jesús.
Transfórmame todo en ti.
Sea yo una viva transparencia de tu persona.

También este ejercicio debe durar unos 45 ó 50 minutos.

9. Salida y quietud

En este ejercicio se pronuncia mentalmente o en voz suave alguna expresión (que más tarde señalaré).

Apoyado en la frase, el yo sale hacia el TU. Al asumir y vivenciar el significado de la frase, ésta toma tu atención, la transporta y deposita en un TU. Hay, pues, un movimiento o salida. Y así, todo yo queda en todo TU. Queda fijo, inmóvil. Hay, pues, también una quietud.

Quiero decir: no debe haber movimiento mental. Es decir, no debes preocuparte de *entender* lo que la frase dice. En todo entender hay un ir y venir. Nosotros, ahora, estamos en adoración. No debe haber, pues, actividad analítica.

Al contrario; la mente, impulsada por la frase, se lanza hacia un TU, quieta y adherida, admirativamente, contempladora posesivamente, amorosamente. Por ejemplo, si dices "Tú eres la Eternidad Inmutable" no debes preocuparte de entender o analizar cómo y por qué Dios es eterno, sino mirarlo y admirarlo estáticamente como eterno.

Después de silenciar todo el ser, haz presente en la fe a Aquel en quien existimos, nos movemos y somos.

Comienza a pronunciar las frases en voz suave. Trata de vivir lo que la frase dice hasta que tu alma quede impregnada de la sustancia de la frase.

Después de pronunciarla, quédate en silencio unos treinta segundos o más, mudo, quieto, como quien escucha una resonancia, estando la atención inmóvil, compenetrada posesivamente, identificada adhesivamente con la sustancia de la frase, que es Dios mismo.

En este ejercicio tienes que dejarte arrebatar por el TU. El "yo" prácticamente desaparece mientras que el TU domina toda la esfera.

He aquí unas cuantas expresiones que pueden servir para este ejercicio:

Tú eres mi Dios.
Desde siempre y para siempre Tú eres Dios.
Tú eres eternidad inmutable.
Tú eres inmensidad infinita.
Tú eres sin principio ni fin.
Estás tan lejos y tan cerca.
Tú eres mi todo.
Oh profundidad de la esencia
y presencia de mi Dios.

Tú eres mi descanso total.
Sólo en Ti siento paz.
Tú eres mi fortaleza.
Tú eres mi seguridad.

Tú eres mi paciencia.
Tú eres mi alegría.
Tú eres mi vida eterna,
grande y admirable Señor.

10. "En lugar de" Jesús

Imaginar a Jesús en adoración, por ejemplo de noche, en la mañana, bajo las estrellas.

Con infinita reverencia, en fe y paz, entra en el interior de Jesús. Trata de presenciar y revivir lo que Jesús viviría en su relación con el Padre, y así participa de la experiencia profunda del Señor.

Trata de presenciar y revivir los sentimientos de admiración que Jesús sentiría por el Padre. Decir con el corazón de Jesús, con sus vibraciones, por ejemplo, "glorifica tu nombre"; "santificado sea tu nombre".

Colocarse en el interior de Jesús, asumir sus armónicas y revivir aquella actitud de ofrenda y sumisión que Jesús experimentaría ante la voluntad del Padre cuando decía: "No lo que yo quiero sino lo que quieras Tú". "Hágase tu voluntad".

Qué sentiría al decir "como Tú y yo somos una misma cosa", al pronunciar "Abba" (¡querido Papá!), tratar de experimentarlo. Ponerse en el corazón de Jesús para pronunciar la oración sacerdotal, capítulo 17 de san Juan.

Todo eso (y tantas cosas) hacerlo "mío" en la fe, en el espíritu para revestirme de la disposición interior de Jesús. Y regresar a la vida llevando en mí la vida profunda de Jesús.

Esta modalidad de oración sólo será posible en el Espíritu Santo "que enseña toda la verdad".

11. Oración de contemplación

Las señales de que el alma entró en la contemplación, según san Juan de la Cruz, son las siguientes:

— Cuando el alma gusta de estarse a solas con atención amorosa y sosegada en Dios.
— Dejar estar el alma en sosiego y quietud, atenta a Dios, aun pareciéndole estar perdiendo el tiempo, en paz interior, quietud y descanso.
— Dejar libre al alma sin preocuparse de pensar o meditar. Sólo una advertencia sosegada y amorosa a Dios.

a) *Silencio*. Hacer vacío interior. Suspender la actividad de los sentidos. Apagar recuerdos. Desligar preocupaciones.

Aislarse del mundo exterior e interior. No pensar en nada. Mejor, no pensar nada.

Quedar más allá del sentir y de la acción sin fijarse en nada, sin mirar nada ni dentro ni fuera.

Fuera de mí, nada. Dentro de mí, nada.

¿Qué queda? Una atención de mí mismo a mí mismo, en silencio y paz.

b) *Presencia.* Abrir la atención al Otro, en fe, como quien mira sin pensar, como quien ama y se siente amado.

Evitar "figurarse" a Dios. Toda imagen o forma de Dios debe desaparecer. Es preciso "silenciar" a Dios de cuanto signifique localidad. A Dios no corresponde el verbo *estar*, sino el verbo *ser*. El *es* la Presencia Pura y Amante y Envolvente y Compenetrante y Omnipresente.

Sólo queda un Tú para el cual yo soy una atención abierta, amorosa y sosegada.

Practicar el ejercicio auditivo hasta que la palabra "caiga" por sí misma. Quedar sin pronunciar nada con la boca, nada con la mente.

Mirar y sentirse mirado.
Amar y sentirse amado.
Yo soy como una playa. El es como el mar.
Yo soy como el campo. El es como el sol.
Dejarse iluminar, inundar, AMAR.
DEJARSE AMAR.

Fórmula del ejercicio:

Tú me sondeas.
Tú me conoces.
Tú me amas.

12. Orar con la naturaleza

Si el alumno está al aire libre, frente a un bello paisaje, uno de los ejercicios orantes más hermosos que pueda hacer es orar con toda la creación.

Comience con la Lectura Rezada del Salmo 104. En el espíritu de este Salmo empiece a contemplar, mirar, admirar cuanto alcanzan sus ojos.

Vaya admirando, emocionado, todas y cada una de las criaturas que desfilan por el Salmo: nubes, vientos, cumbres nevadas, cascadas, ríos, valles, fuentes, pájaros, nidos, arroyos, quebradas frescas, plantas, mariposas, flores, trigales, olivos, viñedos, árboles seculares, briznas minúsculas, sol, luna, luz, sombra...

Por cada criatura contemplada y admirada, diga: "Dios mío, qué grande eres" (v. 1).

De vez en cuando repetirá el versículo 24: "Cuán inmensas son tus obras, Dios mío. Todas las has hecho con sabiduría. La tierra está llena de tus criaturas" (v. 24).

Escuchar, absorver y sumergirse en la armonía de la creación entera. Quedarse concentrado y receptivamente atento a cada una de las voces del mundo: los mil insectos que gritan su alegría de vivir; los variados cantos de tantas aves; el rumor del viento o del río; grillos, ranas, gallos, perros, todos los seres vivientes que expresan la alegría de su vivir y, a su manera, aclaman y cantan, agradecidos, al Señor. A nombre de ellos, y con ellos, decir: "Criaturas todas del Señor, bendecid al Señor".

Provocar en mí una sensación de fraternidad universal; sentir, en Dios, a cada criatura como hermana; sentir que, en Dios, soy una unidad con todo lo que ven mis ojos; sumergirme vitalmente en la gran familia de la creación, sentirme participando gozosamente de la palpitación de todas las criaturas, sintiendo la dicha de vivir que, sin conciencia de ello, experimentan todas ellas, como nadando yo en el mar de la vida universal y vibrando con la ternura del mundo.

Pedirles perdón por el avasallamiento al que son sometidas de parte del hombre; por tantos atropellos y crueldades que cometen con ellas. Sentir y expresar gratitud por tantos beneficios que las criaturas aportan para la felicidad del hombre.

Establecer un entrañable diálogo con una criatura concreta: una flor, un árbol, una piedra, el agua de un arroyo. Hacerle preguntas por su origen, su historia, su salud, escuchándole atentamente. En una entrañable comunicación, contarle mi propia historia. Admirar y darle gracias por su gallardía, perfume, contribución a la armonía del mundo. Entrar en un clima fraterno con esa criatura.

Durante esta larga *oración con la naturaleza,* intercalar frecuentemente los versículos 1, 24, 31, 33 del Salmo 104 (teniéndolo siempre abierto en las manos), y también el Salmo 8 y, sobre todo, el primer estribillo: "Señor, Dueño nuestro, qué admirable es tu nombre en toda la tierra".

13. Oración comunitaria

Oración comunitaria, denominada también *compartida,* se llama al hecho de reunirse un grupo de personas para orar con estas características: a) espontáneamente; b) en voz alta; c) ante los demás; d) lo hacen, no simultánea, sino alternadamente.

Para que la Oración Comunitaria (o Compartida) sea verdaderamente eficaz y convincente debe cumplir con las siguientes condiciones:

1. Se supone que los orantes comunitarios han debido cultivar anteriormente la relación personal con el Señor.

   De otra manera, la Oración Comunitaria se torna en una actividad artificial y vacía.

2. Se debe evitar, a ser posible, el "jaculatorismo"; frases cortas, estereotipadas, formales, dichas de memoria.

   Por el contrario, se ha de orar de forma verdaderamente espontánea, de dentro a dentro, como si en este momento no estuviéramos en el mundo más que El y yo, con gran naturalidad e intimidad.

3. Para esto, los orantes deben estar convencidos y recordarse a sí mismos que son portadores de grandes riquezas interiores, más riquezas de lo que ellos mismos imaginan, y que el Espíritu Santo habita en ellos, y se expresa a través de su boca; por eso deben hablar con gran soltura y libertad.

4. Es de desear que no haya entre los orantes cortocircuitos emocionales. Porque si entre dos personas o grupos hay una desavenencia fuerte, notoria y pública, ese conflicto bloquea la espontaneidad del grupo. Los muros que separan al hermano del hermano, separan también al hermano de Dios.

5. Es imprescindible también que haya sinceridad o veracidad; es decir, que el orante, al expresarse en voz alta, no sea motivado por sentimientos de vanidad, de decir cosas originales o brillantes. Debe en todo momento rectificar la intención, y expresarse como si el orante estuviera solo ante Dios.

6. Pero la condición esencial es que sea una oración verdaderamente *compartida:* cuando un integrante del grupo está hablando con el Señor, yo no tengo que ser un oyente o un observador sino que (se supone) que yo asumo las palabras que están saliendo de la boca de mi hermano, y con esas mismas palabras yo me dirijo a mi Dios. Y cuando yo hablo en voz alta, se supone que mis hermanos toman mis palabras, y con esas mismas palabras se dirigen a Dios. Y así, todo el tiempo oran *todos con todos.* Y aquí está el secreto de la grandeza y riqueza de la oración comunitaria: que el Espíritu Santo se derrama a través de personalidades e historias tan variadas y diferentes; y por eso puede resultar una oración muy enriquecedora.

14. Meditación comunitaria

Meditación Comunitaria o compartida se llama al hecho de reunirse varias personas para tomar la Palabra de Dios u otro tema, y expresar cada uno espontáneamente delante de los demás lo que esa palabra o tema le sugiere.

Para que la Meditación Comunitaria sea verdaderamente eficaz y convincente se han de tener en consideración las condiciones que hemos señalado para la Oración Comunitaria, particularmente los números 3, 4, 5.

Además es conveniente comenzar con la invocación del Espíritu Santo, y con una breve oración espontánea o un salmo, para ambientarse.

También es conveniente iniciar la meditación leyendo un fragmento de la Biblia o de algún otro libro, para circunscribir la materia que se va a meditar y para iluminar el tema.

Es también muy conveniente que durante la reflexión se hagan referencias y aplicaciones a la vida y se afinen criterios prácticos para que los criterios puedan transformarse en decisiones concretas para la vida fraterna o pastoral.

15. Variantes

a) *Oración Comunitaria
con apoyo en los Salmos*

Se trata de tener delante de los ojos un salmo determinado; el grupo orante lo reza primero en común. Luego, en silencio, tratar de rezarlo privadamente, a ser posible, con la *Lectura Rezada*.

Después de unos minutos, uno cualquiera de los asistentes ora en voz alta (siempre teniendo el salmo abierto en la mano) haciendo —en forma de oración— una especie de paráfrasis o comentario del versículo que más le haya llamado la atención. Después, otro hace lo mismo. Y así sucesivamente todos los que desean intervenir. Acaban con un canto.

b) *Meditación Comunitaria con apoyo de la Palabra*

Es algo semejante a lo anterior. Teniendo todos delante la Biblia abierta en un capítulo determinado, uno del grupo lee un fragmento. Quedan en silencio un rato mientras cada uno va meditando en privado, siempre teniendo abierta la Biblia.

Luego, uno cualquiera del grupo hace un comentario —en forma de reflexión— del versículo que más le ha llamado la atención. Después, otro del grupo hace lo mismo, y así sucesivamente, todos los que quieran. Acaban con un canto.

16. Meditación

Se ha de aconsejar esta actividad espiritual a las personas de mente analítica y reflexiva. Para esta clase de personas no es suficiente la lectura meditada. Pueden y deben avanzar más a fondo.

Por otra parte, no hay que olvidar que es en la meditación donde se forjan las grandes figuras de Dios.

Meditar es una actividad mental, concentrada y ordenada, por la que tomamos un texto o un tema, y lo vamos contemplando en su globalidad y detalles; lo analizamos en sus causas y efectos para, de esta manera, forjar criterios de vida, juicios de valoración, en una palabra, una mentalidad según la mente de Dios. Y, por este camino, los criterios acaban por transformarse en convicciones, y las convicciones en decisiones. Y de esta manera nos convertimos en *discípulos del Señor*.

Preparar:

—pedir luz;

—escoger la materia que se va a meditar;

—para que la mente no se extravíe o se disperse, es conveniente imaginar gráficamente la escena: qué hablan, cómo se mueven, su entorno, otros detalles.

Desentrañar y ordenar:

—distinguir los diferentes planos de una escena; buscar el significado y la finalidad de cada palabra y del contexto de las palabras, el sentido de cada escena y del contexto de la escena; detenerse en el significado de los verbos...;

- inducir, deducir, explicar, aplicar, combinar diferentes ideas, confrontándolas...;
- buscar la lógica interna de causa y efecto, principios y conclusiones, qué es y qué no es cada cosa, distinguir los motivos y las intenciones, acción y reacción, esfuerzo y resultado...

Aplicar o comprometerse:

- uno mismo tiene que *meterse* en la escena, como si yo fuera actor y no observador, me hablan e interpelan a mí (las palabras de Cristo a Zaqueo, Pedro, joven rico, ciego del camino..., a mí son dirigidas) y yo, a mi vez, hablo, pregunto a esas personas de la escena...;
- confrontar lo que oigo en la escena con mis problemas de hoy, con mi situación actual, con los acontecimientos de este tiempo...;
- acabar orando.

IV. PROBLEMAS DE PERDON

Pocas veces somos ofendidos; muchas veces nos sentimos ofendidos.

Perdonar es abandonar o eliminar un sentimiento adverso contra el hermano.

¿Quién sufre: el que odia o el que es odiado? El que es odiado vive feliz, generalmente, en su mundo. El que cultiva el rencor se parece a aquél que agarra una brasa ardiente o al que atiza una llama. Pareciera que la llama quemara al enemigo; pero no, se quema uno mismo. El resentimiento sólo destruye al resentido.

El amor propio es ciego y suicida: prefiere la satisfacción de la venganza al alivio del perdón. Pero es locura odiar: es como almacenar veneno en las entrañas. El rencoroso vive en una eterna agonía.

No hay en el mundo fruta más sabrosa que la sensación de descanso y alivio que se siente al perdonar, así como no hay fatiga más desagradable que la que produce el rencor. Vale la pena perdonar, aunque sea solo por interés, porque no hay terapia más liberadora que el perdón.

No es necesario pedir perdón o perdonar con palabras. Muchas veces basta un saludo, una mirada benevolente, una aproximación, una conversación. Son los mejores signos de perdón.

A veces sucede esto: la gente perdona y siente el perdón; pero después de un tiempo, renace la aversión. No asustarse. Una herida profunda necesita muchas curaciones. Vuelve a perdonar una y otra vez hasta que la herida quede curada por completo.

Ejercicios de perdón

1. Ponte en el espíritu de Jesús, en la fe. Asume sus sentimientos. Enfrenta (mentalmente) al "enemigo" mirándolo con los ojos de Jesús, sintiéndolo con los sentimientos de Jesús, abrazándolo con los brazos de Jesús, como si "fueras" Jesús.

Concentrado, en plena intimidad con el Señor Jesús (colocado el "enemigo" en el rincón de la memoria), di al Señor: "Jesús, entra dentro de mí. Toma posesión de mi ser. Calma mis hostilidades. Dame tu corazón pobre y humilde. Quiero sentir por ese "enemigo" lo que Tú sientes por él; lo que Tú sentías al morir por él. Puestos en alta fusión tus sentimientos con los míos, yo perdono (juntamente contigo), yo amo, yo abrazo a esa persona. Ella-Tú-Yo, una misma cosa. Yo-Tú-ella, una misma unidad".

Repetir estas o semejantes palabras durante unos treinta minutos.

2. Si comprendiéramos, no haría falta perdonar. Trae a la memoria al "enemigo" y aplícale las siguientes reflexiones:

Fuera de casos excepcionales, nadie actúa con mala intención. ¿No estarás tú atribuyendo a esa persona intenciones perversas que ella nunca las tuvo? Al final, ¿quién es el equivocado? Si él te hace sufrir, ¿ya pensaste cómo tú le harás sufrir a él? ¿Quién sabe si no dijo lo que te dijeron que dijo? ¿Quién sabe si lo dijo en otro tono o en otro contexto?

El parece orgulloso; no es orgullo, es timidez. Parece un tipo obstinado; no es obstinación, es un mecanismo de autoafirmación. Su conducta parece agresiva contigo; no es agresividad, es autodefensa, un modo de darse seguridad, no te está atacando, se está defendiendo. Y tú estás suponiendo perversidades en su corazón. ¿Quién es el injusto y el equivocado?

Ciertamente, él es difícil para ti; más difícil es para sí mismo. Con su modo de ser sufres tú, es verdad; más sufre él mismo. Si hay alguien interesado en este mundo en no ser así, no eres tú; es él mismo. Le gustaría agradar a todos; no puede. Le gustaría vivir en paz con todos; no puede. Le gustaría ser encantador; no puede. Si él hubiera escogido su modo de ser, sería la criatura más agradable del mundo. ¿Qué sentido tiene irritarse contra un modo de ser que él no escogió? ¿Tendrá él tanta culpa como tú presupones? En fin de cuentas, ¿no serás Tú, con tus suposiciones y repulsas, más injusto que él?

Si supiéramos comprender, no haría falta perdonar.

3. Se trata de un acto de dominio mental por el que desligamos la atención de la persona enemistada. Consiste, pues, en interrumpir ese víncu-

lo de atención (por el que tu mente estaba ligada a esa persona) y quedarte tú desvinculado de él, y en paz.

No consiste, pues, en expulsar violentamente de la mente a esa persona, porque en ese caso se fijará más. Se trata de suspender por un momento la actividad mental, de hacer un vacío mental, y el "enemigo" desaparece. Volverá de nuevo. Suspende otra vez la actividad mental o desvía la atención hacia otra cosa.

Hay unos cuantos verbos populares que significan este perdón: *desligar:* se liga, se desliga la atención. *Desprender:* se prende, se desprende. *Soltar:* se te agarra (el recuerdo), suéltalo. *Dejar. Olvidar.*

Como se ve, no es un perdón propiamente tal, pero tiene sus efectos. Puede ser el primer paso, sobre todo cuando la herida es reciente.

V. COMO VIVIR UN DESIERTO

La única manera de vivificar las cosas de Dios es vivificando el corazón. Cuando el corazón se puebla de Dios, lo hechos de la vida se llenan del encanto de Dios. Y el corazón se vivifica en los *Tiempos Fuertes*. Así hicieron los profetas, los santos, y, sobre todo, Cristo.

Tiempo Fuerte significa reservar, para estar con el Señor, unos fragmentos de tiempo en el programa de las actividades, por ejemplo treinta minutos diarios; unas cuantas horas cada quince días, etc. *Tiempos Fuertes* no sólo para orar sino también para recuperar el equilibrio emocional, la unidad interior, la serenidad y la paz; porque, de otra manera, las gentes acaban por desintegrarse en la locura de la vida.

Los que quieran tomar en serio la vida con Dios, necesitan integrar el sistema de los *Tiempos Fuertes* en la organización de sus actividades. Si salvas los *Tiempos Fuertes*, los *Tiempos Fuertes* te salvarán a ti, ¿de qué?, del vacío de la vida y del desencanto existencial. Si te quejas diciendo que falta tiempo, te diré que el tiempo es cuestión de preferencias; y las preferencias dependen de las prioridades. Se tiene tiempo para lo que se quiere.

Cuando se dedica al Señor un día entero (al menos unas siete horas) en silencio y soledad, a este día se le llama *Desierto*.

Para hacer un *Desierto* es conveniente, casi necesario, salir del lugar en que uno vive o trabaja, y retirarse a un lugar solitario, sea campo, bosque, montaña o una Casa de Retiro.

Es conveniente ir al *Desierto* en grupos pequeños (entre tres y cinco, por ejemplo) pero, una vez llegados al lugar donde van a pasar el día, es indispensable que el grupo se disperse y cada persona permanezca en completa soledad. En las últimas horas pueden reunirse para una intercomunicación fraterna y para hacer oración comunitaria.

Es conveniente que cada persona lleve algo de comer, sin olvidar que el *Desierto* tiene también un cierto carácter penitencial. Sin embargo, no deben abstenerse de tomar líquido para evitar cualquiera deshidratación.

En suma: *Desierto* es un tiempo fuerte dedicado a Dios en silencio, soledad y penitencia.

Es conveniente disponer de un conjunto de textos bíblicos, salmos, ejercicios de relajación..., todo lo cual lo encontrarás en el presente librito. No olvidarse de llevar un cuaderno para anotar impresiones.

Pauta orientadora

1. Utiliza esta pauta con flexibilidad porque el Espíritu Santo puede tener otros planes. Debes dar un margen a la espontaneidad de la Gracia. Por ejemplo tienes que tomar con mucha libertad los minutos que asigno a cada punto.

2. Una vez que llegues al lugar donde va a transcurrir el día, comienza con una lectura rezada de salmos. Se trata de preparar y ambientar el nivel profundo de la persona, el nivel del espíritu. Unos sesenta minutos.

3. En caso de que te encuentres en estado dispersivo, prepara tu nivel periférico con ejercicios de relajación, concentración y silenciamiento. Unos treinta minutos. A lo largo del día puedes repetir estos ejercicios; pero, de entrada, es necesario conseguir un estado elemental de serenidad.

4. Diálogo personal con el Señor Dios, diálogo no necesariamente de palabras sino de interioridades, hablar con Dios, estar con El, amar y sentirse amado... Es lo más importante del Desierto. Puedes utilizar las modalidades. Unos setenta y cinco minutos.

5. Por ser un día intenso en cuanto a la actividad cerebral, es conveniente que haya varios breves intervalos de descanso en que lo importante es no hacer nada, sólo descansar.

6. No puede faltar en el *Desierto* una prolongada *lectura meditada* según el método expuesto en la segunda modalidad, utilizando los textos bíblicos, confrontando tu vida personal y apostólica con la Palabra de Dios. Unos ochenta minutos.

7. Tampoco debe faltar un sabroso y prolongado diálogo con Jesucristo, expresamente con

El. Hablar con El como un amigo habla con otro amigo, haciendo mentalmente un paseo con El por los caminos de la vida, solucionando las dificultades. Unos cincuenta minutos.

8. Un ejercicio intensivo de abandono: sanar de nuevo las heridas, aceptar tanta cosa rechazada, perdonarse y perdonar, consolidar y robustecer la paz... Unos cuarenta minutos.

Ten presente las orientaciones prácticas que doy en este librito. No te pongas eufórico en las consolaciones, ni deprimido en las arideces. El criterio más seguro de presencia divina es la paz. Si tienes paz, aún en plena aridez, Dios está contigo. Y recuerda cuántos *Desiertos* hacía Jesús.

Referencias bíblicas para el Desierto

El Desierto es la peregrinación del Pueblo de Dios en busca del Rostro del Señor.

Antiguo Testamento

Moisés se encuentra con Dios en el Desierto: Exodo 3, 1-15.
Dios conduce al Pueblo de Israel a través del Desierto: Exodo, los capítulos 14 al 20; cap. 24; Números 9, 15-24.
El Rostro del Señor conduce a Moisés por el Desierto: Exodo 33, 7-23.
Las etapas del Desierto: Números, capítulos 10 al 14; 16; 17; 20.

Desierto, lugar de la manifestación de Dios: Exodo, capítulo 19.
Elías se encuentra con Dios en el Desierto: I Reyes 19, 3-15.
Desierto, lugar de purificación: Números 20, 1-13.

Nuevo Testamento

Juan, el mayor de los profetas, en el Desierto: Lucas 1, 13-17; 3, 1-6; Marcos 1, 1-8; Mateo 3, 1-13.

Jesús, el hombre del Desierto:

Treinta años de silencio y anonimato: Lucas 3, 23.
Preparación inmediata de su Misión: conducido al Desierto: Lucas 4, 1-13; Mateo 4, 1-11; Marcos 1, 12.

Jesús se retira a la soledad total para estar con el Padre

Lucas 6, 12; Mateo 14, 13; Marcos 6, 46; Mateo 14, 23; Juan 6, 15; Marcos 7, 24; Lucas 9, 10; Marcos 1, 35; Mateo 6, 6; Marcos 14, 32; Mateo 17, 1; Lucas 9, 28; Mateo 26, 26; Lucas 22, 39; Marcos 9, 2; Lucas 3, 21; Lucas 4, 1-13; Lucas 9, 18; Lucas 21, 37; Lucas 4, 42; Lucas 5, 1; Lucas 11, 1.

Pablo pasa tres años de Desierto: Gálatas 1, 15-18
Juan permanece solitario en el exilio del Asia Menor: Apocalipsis 1, 9s.

Textos bíblicos
para tiempos fuertes

Salmos: 16. 23. 25. 27. 31. 36. 40. 42. 51. 56. 61. 62. 63. 69. 71. 77. 84. 86. 88. 90. 91. 93. 96. 103. 104. 118. 119. 123. 126. 130. 131. 139. 143.

¡Atención! He utilizado la enumeración hebráica porque todas las Biblias modernas están con esa enumeración. Los libros del Oficio Divino están con la enumeración *Vulgata* en que hay que retrasar una cifra.

Grandeza de Dios: Isaías 2, 9-23; 40, 12-31; 41, 21-29; 44, 1-9.

Vocación profética: Jeremías 1, 4-11; Isaías 49, 1-7.

Vida apostólica: 1 Corintios 4, 9-14.
2 Corintios 4, 1-18.
2 Corintios 6, 3-11.
2 Corintios 11, 23-30.

Paciencia: Eclesiástico 2, 1-7.

Ternura de Dios: Oseas 2, 16-25; Isaías 41, 8-20; Oseas 11, 1-6.

Fe irresistible: Romanos 8, 28-39.

Filiación divina: Romanos 8, 15-22.

Aliento y esperanza: Josué 1.
Isaías 43.
Isaías 54.
Isaías 60.

Cristo, centro del mundo: Colosenses 1, 15-21.
Efesios 3, 14-21.

Textos históricos: Hechos, capítulos 14-28.
2 Timoteo
I Macabeos 2, 3, 4 y 5.
II Macabeos 5, 6, 7 y 8.

Jesús, misericordioso y sensible:
Mateo 9, 35; Marcos 1, 41; Mateo 14, 14; Lucas 7, 13; Marcos 2, 17; Mateo 11, 19; Mateo 9, 9; Lucas 15, 1ss.; Mateo 9, 13; Lucas 7, 36ss.; Juan 8, 1ss.

Jesús, manso, paciente y humilde:
Marcos 3, 10; Lucas 5, 1; Mateo 5, 5; Marcos 14, 56; Mateo 27, 13; Lucas 23, 8; Lucas 23, 24; Mateo 4, 1-11; 2 Corintios 10, 1; 1 Pedro 2, 23.

Opción de Jesús por los pobres:
Mateo 9, 36; Marcos 6, 34; Lucas 6, 20; Mateo 11, 5; Lucas 4, 18; Mateo 25, 34ss.

Jesús, sincero y veraz:
Mateo 5, 37; Mateo 16, 21; Lucas 13, 32; Juan 8, 40ss.; Juan 6, 66; Mateo 7, 3; Lucas 7, 39; Juan 8, 32; Juan 18, 37; 1 Pedro 2, 22.

Amar como Jesús amó:
Juan 13, 34; Mateo 19, 14; Juan 11, 1ss.; Juan 15, 15; Juan 20, 17; Marcos 10, 45; Mateo 20, 28; Juan 15, 9; Juan 3, 16; Gálatas 2, 20.

INDICE

ORACIONES

I. El Señor

1. Centro de gravedad 9
2. Padre 10
3. Clarirad 13
4. Viniste como amigo 14
5. Te di tan poco 15
6. Necesitamos de ti 16
7. Tu rostro busco, Señor 17
8. Elevación 19
9. Invocación al Espíritu Santo 20

II. Fe, esperanza

10. Consolación en la angustia 22
11. Los que creen 23
12. Momentos de oscuridad 24
13. Presencia escondida 25
14. Señor de la Victoria 26
15. El Dios de la Fe 27
16. Oración de la esperanza 30
17. Sufrimiento y redención 31

III. Situaciones

18. Oración de la mañana 34
19. Plegaria para la noche 34
20. Súplica en la enfermedad 36
21. Unidad en el matrimonio 37

22.	Ha nacido un nuevo hijo	39
23.	Un hogar feliz	40
24.	Buenas nuevas	41
25.	Requiem para un ser querido	41

IV. Estados de ánimo

26.	Súplica en el temor	43
27.	Paz	43
28.	Momentos de depresión	44
29.	Gratitud	45
30.	Perdóname, Señor	46

V. Abandono

31.	Acto de abandono	47
32.	Abandono	48
33.	Oración de abandono	49
34.	Paciencia	49
35.	Tómame	51
36.	Cántico del abandono	52

VI. Transformación

37.	La gracia del amor fraterno	55
38.	Decisión	57
39.	Conversión total	57
40.	Detenerse	58
41.	La gracia de la humildad	60
42.	Delante de tu rostro, Señor	61
43.	La gracia de respetarnos	62
44.	Condúceme	63
45.	La gracia de dialogar	64
46.	Transfiguración	65
47.	La gracia de comunicarse	67

VII. Acción apostólica

48.	A la luz de tu Figura	68
49.	Oración para la acción	69
50.	Estás con nosotros	69
51.	Solidaridad	71
52.	Súplica	72
53.	Generosidad	73
54.	¿Dónde estás?	73
55.	La gracia del trabajo	74
56.	Palabra y fuego	75
57.	Te rogamos, Señor	75
58.	Opción por los pobres	76
59.	Para servir	78

VIII. María

60.	Señora del silencio	80
61.	Súplica en el cansancio	82
62.	Señora de la Pascua	83
63.	Alabanza a Dios	84
64.	Nuevo salmo de la creación	85
65.	Cara a cara	89

CANTOS

1.	Ven, Espíritu Santo	93
2.	Gratitud	94
3.	Ofrenda	95
4.	Himno matutino	95
5.	Tú eres el Bien	96
6.	Salmo 8	96
7.	Esperanza	97
8.	Creo	98
9.	Padre	99
10.	Pescador	99
11.	Tómame	100

12.	Instrumento de tu paz	101
13.	Salmo 15	101
14.	Hoy he vuelto	102
15.	Yo quiero ser	102
16.	Canto penitencial	103
17.	Salmo 63	103
18.	Salmo 89	104
19.	¡Qué mañana de luz!	105

PARA ORAR

I.	**Ejercicios previos**	109
II.	**Orientaciones prácticas**	113
III.	**Modalidades**	116
	1. Lectura rezada	116
	2. Lectura meditada	117
	3. Pequeña pedagogía para meditar y vivir la Palabra	119
	4. Ejercicio auditivo	121
	5. Oración escrita	122
	6. Ejercicio visual	123
	7. Oración de abandono	124
	8. Ejercicio de acogida	125
	9. Salida y quietud	127
	10. "En lugar de" Jesús	129
	11. Oración de contemplación	130
	12. Orar con la naturaleza	132
	13. Oración comunitaria	134
	14. Meditación comunitaria	136
	15. Variantes	136
	16. Meditación	137
IV.	**Problemas de perdón**	140
V.	**Cómo vivir un desierto**	144

NOTAS

Dejamos en blanco estas páginas, para que el lector pueda llenarlas con sus propias observaciones.

NOTAS

NOTAS

NOTAS